档案
揭密外交风云

朱纪华 ◎ 主编

学林出版社

图书在版编目(CIP)数据

档案揭密外交风云 / 朱纪华主编. —上海：学林出版社，2014.1
ISBN 978 - 7 - 5486 - 0614 - 7

Ⅰ.①档… Ⅱ.①朱… Ⅲ.①外交史—历史档案—中国—近代 Ⅳ.①D829

中国版本图书馆 CIP 数据核字(2013)第 288645 号

档案揭密外交风云

主　　编 ——	朱纪华
责任编辑 ——	吴耀根
封面设计 ——	周剑峰

出　　版 ——	上海世纪出版股份有限公司　学林出版社		
	地址：上海钦州南路81号	电话/传真:64515005	
发　　行 ——	中国图书进出口上海公司		
	地址：上海市广中路88号	电话:36357888	
排　　版 ——	南京展望文化发展有限公司		
字　　数 ——	24万		
书　　号 ——	ISBN 978-7-5486-0614-7/K・58		

(如发生印刷、装订质量问题，读者可向工厂调换。)

序

文化是民族的血脉，是人民的精神家园。当今世界，文化的地位和作用日益凸显，成为民族凝聚力和创造力的重要源泉、经济社会发展的重要支撑和综合国力竞争的重要因素。党的十七届六中全会作出了推动社会主义文化大发展大繁荣若干重大问题的决定，对我国的文化改革发展进行了战略部署，为档案事业的发展带来了新的机遇。档案作为社会活动的真实记录，具有天然的文化属性和不可再生的唯一性，是国家软实力的重要基础。档案部门理应发挥集聚与发散历史文化信息的这一独特长处，坚持为社会大众、为加强文化遗产的保护传承和利用、推进社会主义核心价值体系的建设，提供优质的服务。同时，档案文化本身也是国家文化软实力的重要组成部分。自觉深入地认识档案的文化价值，挖掘档案的文化内涵，以人民群众喜闻乐见的形式传播档案文化，满足人民群众快速增长的精神文化需求，是档案部门不容懈怠的职责。

《档案春秋》杂志是上海市档案馆精心打造的档案文化品牌，一直受到上级领导和广大作者、读者的关爱。她依托丰富的档案信息资源，蒐集精彩图文，致力于还原历史真相，传播档案文化。她不仅以严谨、严密以及鲜活的风格，在历史人文类杂志中独树一帜，而且满足了广大人民群众对档案信息的知情权，填补了市场空白，获得了广泛的社会认可。2011年度荣膺网络传播国外公共图书馆阅读TOP100排名；2012年《档案春秋》蝉联第五届华东地区优秀期刊奖。

近五年来，我们尝试以"书"的形式，把档案文化的散在成果集中起来，进行二次传播，先后出版了《档案春秋丛书》第一辑、第二辑和《那个年头，那些事》、《档案里的金融春秋》等六种书籍，收获的市场好评超过了我们原先的设想。我们理解，读者之所以在信息爆炸的今天，仍愿意阅读《档案春秋》，是因为他们不仅可从中获得丰富的历史信息，满足人类所共有的对未知世界的探求欲；而且这些档案背后的故事，也许在某一层面上与他们的个人记忆关联或相互碰撞，从而为他们认识某段历史提供了一个崭新的视角。个人与时代，小我与大我，在某一个记忆点上真正实现了彼此交融，互为补充，迸发共鸣。

档案文化的核心资源是记忆，从某种意义上说，记忆即历史，是任何一个民族藉以安身立命的文化之根。挪威档案学家列威·米克伦曾经说过："没有档案的世界，是一个没有记忆、没有文化、没有法律权利、没有历史的世界。"近年来史学界有一个共识：尊重历史，以档案说话，还历史事件和历史人物本来面貌。因为在诸多历史元素中，档案的可信度是最高的。随着中国社会政治开明度的日益提高和法制建设的完善，档案的解密与开放已纳入常态化的管理轨道，许多曾束之高阁的档案材料开始进入社会视野，受到了学术界和普通民众的广泛关注。尤其是近年来部分外交档案的开放，不仅研究价值非凡，而且具有非常重要的现实意义。

自2004年起，外交部档案馆陆续解密并开放新中国成立后的部分外交档案。从2006年起，《档案春秋》编辑部即集中人力、物力，经过精心策划，或专程派出编辑记者前往外交部查档采写，或邀约著名文史学者和外交部档案馆的工作人员撰文，对解密档案深挖细作，在《档案春秋》杂志上连续发表多篇文章，形成了一个系列。这些文章内容丰赡，披露了新中国成立以来对外交往中的若干重大事件，以及深蕴其间的鲜为人知的众多细节，真实感人，读来如临现场。令人欣慰的是，经过数度春秋的积累，这些篇什无论在数量上和内容上，都已日见厚重，可以集结成册，出版以飨读者了。本书中的文章皆以档案资料为依托，用严谨质朴的文字和尽可能接近真实的、客观公允的视角，努力还原历史；既有独特的研究价值，又能体现集真实性和可读性于一体的档案文化传播特质，相信可以满足广大读者、特别是经历了那个时代变迁的同龄人的阅读需求。在此，我们要向外交部档案馆的同仁们致以敬意，对他们的辛勤工作和给予的帮助表示感谢。

档案是历史发展的记忆，是国家和民族的文化遗产，档案部门应把档案文化放在档案事业发展体系中更加突出的位置，发挥档案独特的文化功能，彰显其在国家文化软实力中的固有地位，为社会主义文化大发展大繁荣做出应有贡献。

朱纪华

（上海市档案局局长、上海市档案馆馆长

《档案春秋》杂志编委会主任）

目 录

中美交换被扣人员的外交斡旋 　　　　　　　　　　张　琼／001
第一次对外建交高潮 　　　　　　　　　　　　　　徐京利／005
新中国第一批"使"字牌照 　　　　　　　　　　　　唐　军／019
寻找拉姆斯菲尔德的失踪密友 　　　　　　　　　　李筱春／022
解密"波兰事件" 　　　　　　　　　　　　　　　　王　倩／027
外交解密档案中的中苏关系及冷战铁幕 　　　　　　沈志华／038
周恩来与"烤鸭外交" 　　　　　　　　　　　　　　唐　军／048
毛泽东著作海外出版轶事 　　　　　　　　　　　　亘　火／055
解密外事警卫制度 　　　　　　　　　　　　　　　唐　军／066
档案记述的中苏建交轶事 　　　　　　　　　　　　苑基荣／071
新中国第一次参加奥运会纪事 　　　　　　　　　　唐　军／080
中国援外医疗队印尼之行 　　　　　　　　亘　火　唐　军／092
三千印度战俘在中国的真实生活 　　　　　　　　　罗山爱／101
旅居海外华侨换发新中国护照始末 　　　　　　　　唐　军／113
外交礼宾中不为人知的故事 　　　　　　　　　　　文　林／118
与埃及建交二三事 　　　　　　　　　　　　　　　唐　军／127
中国为何援助鲍威尔揭露美军发动细菌战 　　　　　亘　火／137
新中国援助非洲忆往 　　　　　　　　　　　　　　孟庆涛／149
中国首次接待来访外国政府首脑的幕前幕后 　　　　唐　军／162
中国如何向美国记者采访开禁 　　　　　　　　　　张晶晶／172
老挝王室子弟中国留学记 　　　　　　　　　　　　周晓瑛／186

中美交换被扣人员的外交斡旋

张 琼

据外交部新近开放的解密档案记载,1954年4月至7月,新中国首次以五大国之一的地位和身份参加了在日内瓦举行的讨论和平解决朝鲜问题和恢复印度支那和平问题的五国外长会议。以周恩来总理兼外长为团长的中国代表团出席了此次会议。正是在这次会议期间,中美两个处于敌对状态的国家,通过英国从中斡旋,开始了直接接触,开启了中美领事级以及随后大使级会谈的大门。

1949年10月1日中华人民共和国成立后,美国对新中国采取不予承认的态度。朝鲜战争结束后,两国仍处于实际上的敌对状态,但美国有一桩心事必须要和中国交涉,即要求释放因侵入中国领空和领海而被俘的美军事人员以及触犯中国法律被扣押在华的美国人。

1954年3月,美国新闻媒体连续报道被中国扣押的32名美国人问题。舆论称美国国务院已通过英国、印度,以及其他与中国有外交关系的非共产党国家提出过多次抗议,甚至请苏联从中说项,但均无结果。

自5月初开始,美国不断通过媒体来试探中方态度,最后决定委托英国代表团成员、英驻华代办杜威廉作为中间人来斡旋。

日内瓦会议期间,杜威廉以英国驻华代办的身份,与中国代表团成员、外交部司长宦乡,就改善中英双边关系问题进行频繁接触。

5月19日,杜威廉在与宦乡的磋商即将结束时,提到愿意以私人身份就"中美双方平民回国"问题居中斡旋。杜特别声明,这只是纯粹以私人身份提出来的,中国如果愿意他一定会尽力。

宦乡回答:中国并没有扣留美侨,美国侨民愿意申请出境的,只要没有特殊原因(如债务纠纷、犯罪行为、私行越境等),都出了境。相反,美国扣留了许多中国留学生,不许他们回国。现在杜威廉先生愿意斡旋,因本人不是主管者,现在不能答复,待请示后再答复。

5月22日,美国代表团代理团长、副国务卿史密斯向苏联外长莫洛托夫提及要求中方释放犯罪在押的美侨问题，并承认美国政府对中国某些政策是不现实的。

在此期间，美国媒体已经将英国人居间斡旋的事情炒得沸沸扬扬。其中，有充满神秘色彩的报道，称与中国代表团的协商正在非正式的幕后进行。西方官方人士不愿谈及此事的进展情况，他们害怕时机不成熟的言论将会使双方微妙的对话胎死腹中；也有对这位英国中间人品头论足的，说杜威廉在北京时实际上是被中国人置之不理的，而现在此地与中国代表团的官员们非正式会谈多次，他在这里与中国人的接触，比好几年来在北京时还要多；最后还有结论性的传闻，说英国在共产党中国曾经一般地代表过美国的利益，但是在俘虏问题上却一直遭到拒绝。

周恩来敏锐地意识到这件事的重要性，认为在美国对华政策如此敌对和僵硬的情况下，中国可以抓住美国急于要求释放在华人员的机会，开辟中美直接接触的渠道。

5月26日下午，中国代表团新闻发言人黄华召开记者招待会，发表关于美国政府无理扣留我侨民和留学生的谈话，驳斥美方对我的诬蔑宣传。谈话提到：

少数美国人在中国境内犯罪，中国政府依法予以逮捕处理，这是任何主权国家的职责。

对这些犯法被拘的人，我们都掌握充分的证据。这些因犯法而被拘留的美国人中有居留中国的美国侨民，还有从天上降落下来或从海上钻进来的。

美国政府对于在美国境内的中国侨民，尤其是五千多中国留学生强行扣留，不准其离开美国，否则将被判处五千美元的罚金或五年以下的徒刑，或同时予以两种处罚，则是横加压迫。同时中方发言人表明立场：中美双方应直接就此问题进行接触。

随即美方也通过英方转告，可以举行直接接触。但之后却无进一步消息。

据美国媒体报道，美国政府反对美国代表团同中方接触。这时杜威廉传话说：美国代表团仍愿经过英国介绍与中国方面直接谈判，现正等候美国务院指示。

周恩来在6月3日给中央的电报中分析到："由此看来美国政府及美国代表团内部在这个问题上是有矛盾的。我们拟再等候一段时期，如美方果真来谈，我们即按既定方针和他们进行接触并以接触情况决定在何处举行谈判。谈判中当然首先要联系到中国留美学生被扣留问题，并区别对待犯法美侨和其他美国人。如美方确实不愿与我方接触，则我们即拟发表声明，说明我方惩处犯法美侨及保护守法美侨的一贯政策和实际情况，同时揭露和驳斥美方扣留我留学生的无理行为。"

6月4日上午，杜威廉在与宦乡就中英双边关系问题的磋商即将结束时，谈到关于安排中美会谈问题，表示美国愿意与中国就侨民问题举行会谈，并且要求杜本人也参加会谈。美方将以美国代表团成员、美驻捷克大使约翰逊为代表(其人在美国代表团内的地位仅次于史密斯和罗伯逊)。希望中国方面以同等级别代表出席,如果能派王炳南先生作为代表就太好了,并希望第二天(即6月5日)就能安排一次会谈。

宦乡回答:中国原则上是同意接触的,但关于参加人员、时间、地点等问题,将请示后再答复。

当日下午,宦乡与杜威廉再次磋商。宦乡表示:考虑到杜威廉当日要前往伦敦,而中方有关官员第二天也将暂时离开日内瓦几日,建议等杜从伦敦返回后再谈。但杜威廉说他的行期可以更改,坚持第二天上午谈一次。宦乡同意道,既然这样,明天上午就进行初步接触。

6月5日,在日内瓦国联大厦,中美代表首次正式接触。中方代表王炳南,美方代表约翰逊。上午10点,杜威廉带着美方代表约翰逊、助手马丁以及翻译艾克弗尔进入会议室,向已等候在此的中方代表介绍。约翰逊主动走上前与中方人员握手,称很高兴与中方代表会面。

会晤一开始,王炳南就说明由于中方主管官员事先已定好要赴柏林开会,所以此次只是初步接触,正式商谈从下星期开始。

按一般推断,杜威廉应已将中方关于首次仅作初步接触的想法转告美方,但约翰逊仍表示感到失望,并声称已受政府全权委托,希望能在这次商谈中得出结果(从后来美方所持立场看,第一次会谈根本就不可能得出任何结果)。王炳南不得不提醒说,此前当杜威廉先生告知我们美国代表团愿意与我们讨论这些问题时,我们曾立即表示愿意直接接触。拖延的责任并不在中方。

初次会晤持续了十五分钟。

从6月5日至6月21日,中美两国代表在日内瓦会议期间共进行了四次会晤,就双方交换被扣人员回国问题进行针锋相对、讨价还价式的磋商。在6月5日第二次会晤中,中方同意在押美国人可以通过北京红十字会与亲友通信(此次杜威廉仍以中间人身份参加,以后就不再参加);在6月15日第三次会晤和6月21日第四次会晤中,中方建议由双方起草一份联合声明,宣布住在一方的对方侨民将具有回到他们自己国家的完全自由;在第四次会晤时,中方又提出关于委托第三国代管双方侨民利益的建议。但以上建议均被美方拒绝。

7月21日,就在日内瓦会议结束当天,美方通过联络人建议双方通过驻日内瓦总领事馆继续就侨民及留学生回国问题保持联系,中方表示同意。随后中美就上述一般领事事务进行多次接触,又称之为领事级会谈。

在日内瓦会议期间开始的中美接触和会谈,虽然没有在平民回国问题上取得实质性进展,但是它结束了中美两国长期隔绝的状态,成为两国保持接触、交换意见的官方渠道。仅此一点，它的深远意义和影响就超过会谈本身。

1955年4月万隆会议期间，周恩来总理发表声明："中国政府愿意同美国政府坐下来谈判，讨论缓和远东紧张局势，特别是台湾地区的紧张局势的问题。"

美国政府于7月13日对此作出反应，建议中美双方各派一名大使级代表在日内瓦举行会谈。

8月1日，中美大使级会谈在日内瓦（后在华沙）举行。整个会谈有两项议程，一是双方被扣人员回国问题；二是双方有所争执的其他实际问题。在第二项议程下，双方均可提出认为应予讨论的直接牵涉到中美双方的问题。

9月10日，第十四次大使级会谈中，中美双方就第一项议程达成协议，发表中美两国大使协议声明：中美双方承认，在各自国家内的对方平民享有返回的权利，并宣布已经采取并将继续采取适当措施，使他们能够尽速行使其返回的权利，中美两国分别委托印度和英国政府协助中美平民返回本国。

此后，中美大使级会谈一直断断续续地进行，至1970年2月20日，历时15年，共进行了136次。由于美方坚持其干涉中国内政的立场，会谈没能在缓和与消除台湾地区紧张局势这个关键问题上取得任何进展，但作为两国在没有外交关系的情况下保持接触的途径，中美大使级会谈在中美关系史上留下了特殊的一页。

第一次对外建交高潮

徐京利

1949年10月2日一早,苏联副外长葛罗米柯在苏联外交部大楼里召见了国民党广州政府驻莫斯科"大使馆"的代办。

1949年10月16日毛泽东接受苏联首任大使罗申递交国书后合影

双方礼节性地寒暄两句,然后,葛罗米柯代表苏联政府将一份照会递给这位"代办",声明说:

由于在中国发生的事件已造成中国的军事、政治与社会生活的深邃变化的结果,中华人民共和国业已成立,中国中央人民政府已经组成,位于广州的阎锡山先生的政府已停止在中国行使权力(当时阎锡山为国民党政府"行政院院长"——作者注),并已变成广州省政府而失去了代表中国与外国保持外交关系的可能性。这一情况造成了中国与外国间外交关系的断绝。莫斯科政府考虑到所有这些情况，认为与广州的外交关系已经断绝，并已决定自广州召回其外交代表。

"代办"表情尴尬，对苏联的决定感到非常遗憾，并表示会马上将苏联的决定报告国民政府"外交部"。

送走国民党的"代办"之后，葛罗米柯签发出了给周恩来的电报。

第一封承认新中国的电报

当天晚上北京时间9点来钟，葛罗米柯的电报送到了周恩来总理兼外长面前，电文说道：

北京中华人民共和国中央人民政府外交部长周恩来先生：

苏维埃社会主义共和国联盟政府业已收到中国中央人民政府本年十月一日之公告，其中建议中华人民共和国与苏联建立外交关系。苏联政府在研究了中国中央人民政府的建议之后，由于力求与中国人民建立真正友好关系的始终不渝的意愿，并确信中国中央人民政府是绝大多数中国人民意志的代表者，故特通知阁下：苏联政府决定建立苏联与中华人民共和国之间的外交关系，并互派大使。

受苏联政府之委托苏联外交部副部长

安德烈·葛罗米柯

一九四九年十月二日莫斯科

如此迅速地承认新中国，并断绝同国民党反动政权的关系，无疑是对刚刚诞生的人民共和国的有力支持。对此，中国政府非常高兴。

10月3日，周恩来亲自起草了给苏联政府的复电：

莫斯科　苏维埃社会主义共和国联盟外交部副部长安德烈·葛罗米柯先生：

我代表中华人民共和国中央人民政府很荣幸地收到阁下本年十月二日来电关于苏联政府决定建立苏联与中华人民共和国之间的外交关系的通知。中华人民共和国中央人民政府深信苏联政府具有对中国人民的深厚友谊，今天又成为承认中华人民共和国的第一个友邦，中国政府和中国人民对此感到无限的欢欣。我现在通知阁下：中华人民共和国中央人民政府热忱欢迎立即建立中华人民共和国与苏联之间的外交关系，并互派大使。

中华人民共和国中央人民政府外交部长

周恩来

一九四九年十月三日于北京

在这同时，中央人民政府任命以新华社记者身份常驻莫斯科的戈宝权同志为中华人民共和国驻苏联大使馆参赞兼临时代办，命令他即刻开始中国驻苏联大使馆的建馆工作。

苏联方面则任命其原驻北平总领事馆总领事齐赫文斯基为苏联驻中华人民共和国大使馆参赞兼临时代办。

10月4日，周恩来给戈宝权发去指示，命他立即向莫斯科原国民党驻苏大使馆"代办"发布如下命令：

中华人民共和国已经宣告成立，中央人民政府已经取得苏联政府的承认，苏联与广州阎锡山政府已经断绝外交关系。中央人民政府即将派遣大使来莫斯科，并将派领事至苏联各地，接管中国大使馆和领事馆。你及原国民政府驻苏大使馆和驻苏各地领事馆的一切工作人员，必须负责保管中国大使馆与各领事馆的档案、文件和一切财产，安心听候接管。为了祖国的利益，我认为你应当这样做。如有破坏或迁移行为，中央人民政府当追究责任，并予以法办。中央人民政府现已任命戈宝权为中华人民共和国驻苏大使馆的参赞，并兼临时代办，并责成戈宝权代办即日前往中国驻苏大使馆洽商保管和接收事宜。我希望你及原大使馆的人员，对此电令立即答复，并告如何执行此电令的意见。

10月7日，戈宝权前往苏联外交部拜会了葛罗米柯副外长，向苏方通报了周恩来总理兼外长指示的内容。

随后，在苏联外交部官员的陪同下，戈宝权前往位于莫斯科克鲁泡特金巷13号的原国民政府驻苏联大使馆。

国民党政府是在1933年12月同苏联建交的，第二年在莫斯科设立了大使馆。大使馆的馆舍是当年苏联赠送给孙中山先生的一幢18世纪的别墅式建筑。国民党政府先后由颜惠庆、蒋廷黻、杨杰、邵力子、傅秉常等出任驻苏大使。

到苏联宣布与其断交时，除了莫斯科的"大使馆"外，国民党政府还有海参崴、伯力、赤塔等地的12个"总领事馆"或"领事馆"。

戈宝权到达"大使馆"后，向有关人员宣布了周恩来外长的命令，表示从即刻起，将"大使馆"接收过来。

接下来，戈宝权等开始着手中华人民共和国大使馆的筹建工作。

新中国"一边倒"的外交政策和苏联的率先承认，使新中国在成立之初就赢得了各社会主义国家的热烈支持，继葛罗米柯副外长来电之后，在社会主义阵营内出现了一个承认新中国的高潮，各国外长纷纷致电周恩来：

10月3日保加利亚外长波普托莫夫、罗马尼亚外长安娜·波克；

10月4日匈牙利外长卡莱·古拉、朝鲜外相朴宪永；

10月5日捷克斯洛伐克副总理代外长威廉·西罗基、波兰副外长斯达尼斯瓦夫·莱西斯基；

10月6日蒙古人民共和国总理兼外长却尔巴桑；

10月27日德意志民主共和国外长窦丁格尔；

11月21日阿尔巴尼亚部长会议主席兼外长恩维尔·霍查。

来电对中国革命的胜利给予高度评价和热烈赞扬，并代表各自政府表示承认中华人民共和国，愿意立即建立同中华人民共和国的外交关系，并且断绝了同原国民党政权的关系。

根据这一情况，中央人民政府决定，同承认新中国并断绝跟国民党残余集团联系的社会主义国家不需谈判立即建立外交关系。

周恩来外长依次复电，表示中国政府愿意立即建立同这些国家的外交关系，并互派使节。

刚刚成立的外交部一片繁忙。

苏联大使火速保第一

随着新中国与外国邦交的建立，派遣和接受使节，就成为一项很重要的外交活动。

10月3日，苏联政府便任命其老资格的外交官尼古拉·瓦西里维奇·罗申为驻华大使，使其成为新中国接受的第一位外国使节。

罗申曾于1939年以苏联驻华使馆武官助理的身份来到中国，两年后升任武官。1944年他返回苏联，参加东普鲁士白俄罗斯的作战。1945年7月，罗申再度来华，出任苏联驻国民政府大使。多年的在华经历，使罗申通晓中国事务，而在新旧中国两度出任驻华大使一职，更使他感慨颇深。

中国政府随即宣布，任命中华人民共和国中央人民政府外交部副部长王稼祥为中国首任驻苏维埃社会主义共和国联盟特命全权大使。

10月10日，北京前门火车站彩旗飘舞，人海如潮，一派盛大的欢迎场面。下午4点18分，在中国人民解放军军乐队欢快的乐曲声中，罗申大使乘坐的专列徐徐驶进车站。

站台上，政务院总理兼外长周恩来面带微笑，注视着缓缓而至的列车。周恩来的身边，有北京市市长聂荣臻、中国驻苏联大使王稼祥、外交部办公厅主任王炳南、副主任兼交际处处长阎宝航，以及董必武、沈钧儒、郭沫若、章伯钧、张治中、史良、邵力子、廖承志等新中国党政领导和民主人士。

从中苏宣布建交,到罗申大使抵达北京,前后只有十天时间,应该说是很快的,罗申的行程安排得非常仓促。

罗申之所以这么快就到了北京,这里面有个原因。

当初,苏联方面从英国驻莫斯科大使那里听到消息,说英国政府有可能会迅速承认新中国。苏联听到这个消息有些着急。

因为当时前英国大使馆一直有人留在北京,苏联人担心,如果英国宣布承认新中国,他们"近水楼台",可以很快委任大使,拔得头筹。苏联怕英国人抢了第一,为了获得第一个呈递国书的地位,苏联政府决定罗申立即启程。

列车停稳之后,罗申大使缓步走出车厢,同迎上前的周恩来总理兼外长热烈握手。

罗申代表苏联政府和人民,对新中国的成立表示热烈祝贺,作为苏联政府的代表,他表示将尽最大的努力来增进苏中两国间的友谊,保卫世界和平。

罗申致词后,周恩来外长代表中国政府致答词。

随后,宾主一起步出车站。

车站外面红旗招展,身着各色服装的三千多名群众挥动彩旗和花束,热烈欢迎友好使者的到来。

在外交活动中,大使到任是一件大事,按国际惯例一般情况下会由驻在国外交部的礼宾官员到机场、车站或码头迎接,政府高官出面的很少。

新中国刚刚成立,也制定了一个《接待各国使节办法草案》。其中区分了接待新民主主义国家和资本主义国家驻华使节,采取不同的礼宾礼仪。

当时规定,对新民主主义国家的大使,在他们入境的时候,由外交部派驻入境处的联络官和当地外事处负责人一起前往迎接,并安排专车或定好机位,陪同大使来京。大使抵京时,由外交部副部长和办公厅主任、交际处处长、北京市副市长、卫戍司令部参谋长等前往迎接。

资本主义国家驻华大使抵入境口岸时给予同新民主主义国家大使大致相当的外交礼遇。在他们抵达北京的时候,仅由外交部交际处处长前往迎接,如果是公使抵京,则由交际处科长出面。

像欢迎罗申的这种高规格场面实在是一个破例,而且仅此一次。

罗申当了这么多年的外交官,各种场面见得多了,不过还是头一次经历如此隆重的欢迎仪式。他被眼前的场景深深地感染了,不停地挥动双手,向欢迎群众致意,并不断高呼"伟大的中国人民万岁!"、"中华人民共和国万岁!"、"中国人民的伟大领袖毛泽东主席万岁!"等口号。

10月16日在新中国外交史上是个具有特殊意义的日子。

这一天,中华人民共和国中央人民政府主席毛泽东从罗申手里接受了外国使节递交的第一份国书。

递交国书仪式安排在下午5点在中南海勤政殿举行。按照既定的礼宾程序,当天下午4点多钟,外交部办公厅副主任兼交际处处长阎宝航乘礼车前往苏联驻华大使馆,迎接罗申大使到中南海勤政殿。

秋天的北京天气很好,中南海内更显碧波荡漾,绿柳垂绦,彩菊竞放。

由数辆轿车组成的车队穿过北京市区的街道缓缓驶进中南海,在勤政殿前停下。罗申大使、齐赫文斯基参赞,以及其他随从人员走下汽车。

外交部办公厅王炳南主任迎上前来同罗申握手,排列两旁的军乐队演奏欢迎曲,仪仗队向罗申大使行注目礼。

随后,在王炳南的引导下,罗申及其随员来到勤政殿外的会客室门前,同等候在那里的周恩来外长见面。

周恩来微笑着同罗申握手、互致问候之后,由齐赫文斯基参赞将罗申大使的随员向周恩来一一作了介绍,然后宾主一同进入勤政殿。

这勤政殿当年曾是慈禧太后驻苑听政的地方,民国时期由袁世凯将其改建成西洋风格的殿堂,用来接见外宾。毛泽东等搬进中南海办公后,一些重要的外事活动也经常在这里举行。

勤政殿内庄严肃穆,正北面,一面鲜艳的五星红旗平平展展地高悬在一个巨大的红木屏风之上。两旁的八角宫灯同几盏晶莹透亮式样别致的壁灯交相辉映。

在礼宾官的引导下,中华人民共和国中央人民政府主席毛泽东、政务院总理兼外长周恩来、中央人民政府秘书长林伯渠、中国人民解放军代总参谋长聂荣臻及其他参加仪式的人员已经到位。

毛泽东身穿中山装,神情庄重地站立在大厅的核心位置。罗申毕恭毕敬地走到毛泽东主席面前,向毛泽东行一鞠躬礼。待毛主席答礼后,罗申双手将由苏联最高苏维埃主席团主席什维尔尼克签署的国书呈上。

这是新中国接受的第一份国书,白色的封页上凸印着苏联的国徽,里面用俄文写道:

苏维埃社会主义共和国联盟最高苏维埃主席团致中华人民共和国中央人民政府主席毛泽东先生

主席先生:

苏维埃社会主义共和国联盟最高苏维埃主席团切望始终不渝地促进巩固苏维埃社会主义共和国联盟与中华人民共和国间所如此幸福地建立起之友好关系,并深信巩固苏中之间的友谊,符合和平与国际安全之利益。因此,决定任命公民尼古拉·瓦西里维奇·罗申为驻贵国特命全权大使。

苏维埃社会主义共和国联盟最高苏维埃主席团授予公民尼古拉·瓦西里维

奇·罗申本国书,请您,主席先生,惠然赐见,并信赖其荣幸地代表苏维埃社会主义共和国联盟政府向您所陈述之一切。

什维尔尼克(签署)
苏联外交部副部长
A·葛罗米柯副署
莫斯科,克里姆林宫
1949年10月3日

毛泽东接过国书。这时,四周的摄影灯一齐闪亮,中外新闻记者们纷纷按动快门,记录下了这个具有历史意义的瞬间。

接下来,由罗申向毛泽东主席致颂词:

主席阁下:

鄙人奉了重大的使命,以苏维埃社会主义共和国联盟大使的资格向贵主席呈递苏联政府所授予的国书,首先表示十分荣幸。在呈递国书的时候,鄙人请求贵主席相信鄙人一定要努力巩固中华人民共和国和苏维埃社会主义共和国联盟之间十分幸福结成的友好关系。中苏友谊的巩固,不但有益中苏两国人民,而且有益于全世界和平和国际上的安全。同时鄙人希望获得贵主席和中华人民共和国政府全体官员对于完成鄙人所负使命的帮助。谨向贵主席并经贵主席向全中国人民庆祝这一历史上的胜利——中华人民共和国的成立;这一次胜利为中国开辟了走向自由民主发展的广阔道路。

谨向贵主席祝贺荣任贵国元首。

敬祝贵主席政躬康泰,并祝贵中华人民共和国国运昌隆。

罗申致颂词完毕,毛泽东主席致答词。勤政殿内回荡起毛泽东浓重的湘音:

罗申大使先生:

很高兴地接受贵大使所呈递的苏维埃社会主义共和国联盟最高苏维埃主席团的国书,并衷心地感谢贵大使的祝贺。中华人民共和国建立伊始,即承苏联政府首先响应与我国建立外交关系。我相信,中苏之间的友谊,将因贵国政府的这一决定,日益发展和巩固起来。我热烈地欢迎贵大使出任苏联驻中华人民共和国的首任特命全权大使。我相信,经过贵大使的努力,贵我两国的合作,将日趋密切,同时将有利于共同争取世界的持久和平。

我在此,谨祝贵国国家繁荣,人民兴旺,并祝贵国元首健康!

毛泽东致词之后,与罗申热烈握手。罗申随后向毛泽东介绍了参加仪式的其他苏联外交官。毛泽东同大家一一握手,并在挂有五星红旗的屏风前合影。

接下来,毛泽东请罗申及其主要外交官到一旁的会客室里进行了短暂的交谈,然后与客人告别。呈递国书仪式圆满结束。

新中国第一位驻外大使

苏联大使已经抵达北京,因此,中央决定中国驻苏联大使也要尽快赴任。此前,中央已经任命外交部副部长王稼祥为驻苏大使。

1949年10月20日晚上10点钟,深秋的北京已溶浸在夜幕的寂静当中。随着一阵嘹亮的汽笛声,一列国际列车轻轻启动,驶离了北京前门火车站。

站台上,政务院总理兼外长周恩来、中央人民政府委员会秘书长林伯渠、政务院副总理郭沫若、苏联驻华大使罗申等面带微笑,向缓缓而去的列车挥手致意,目送它消失在夜幕之中。

列车向广袤的西伯利亚大平原奔驰而去。车厢里,中国首任驻苏联特命全权大使王稼祥时而同随行人员交谈,时而独自沉思。

王稼祥此行也是非常仓促,因为罗申已经抵京,中国的大使应当尽快前往莫斯科。时间实在是太紧了,以至于王稼祥等来不及办理护照。

经同苏方协商,最后决定由我外交部出具一个证明书,证明王稼祥一行的外交人员身份,由苏方通知其各个相关口岸和检查站,给予通行便利,这在外交史上也是比较罕见的。

10月31日清晨,列车驶入初冬的莫斯科火车站。

站台上站满了欢迎中国大使的人们。他们当中有苏联副外长葛罗米柯、莫斯科市苏维埃主席波波夫、莫斯科军区司令阿尔杰米耶夫上将、莫斯科卫戍区司令辛尼格夫中将等苏联党政军官员,以及朝鲜、蒙古、匈牙利、罗马尼亚、捷克斯洛伐克、保加利亚等国的驻苏使节,中国大使馆代办戈宝权等。

"对等"是外交上的一个基本原则,礼宾安排也是如此。

苏联对王稼祥大使的欢迎场面跟中国欢迎罗申的规格比起来,多少还是有所差别。

中方是总理兼外长亲自出面,而苏联方面只是副外长牵头,规格没有中方的高,不过,苏方安排欢迎的隆重程度还是令不少到场的外交官十分羡慕。

当时捷克斯洛伐克驻苏联使馆一位参赞非常感慨地对戈宝权参赞说,他已经在莫斯科工作了四年,还是头一次见到这样隆重热烈的欢迎仪式。

列车停稳后,戈宝权代办登上车厢,引导王稼祥同葛罗米柯等一一相见,宾主热烈握手、拥抱。

寒暄过后,王稼祥大使发表了演讲。

王大使的演说赢得了一片热烈的掌声。

欢迎仪式后,王稼祥同葛罗米柯等话别,在戈宝权参赞及苏联外交部礼宾司官员的陪同下,乘车前往中国大使馆。

王稼祥的座车徐徐驶进位于莫斯科克鲁泡特金巷13号中国大使馆的大门,受到使馆工作人员列队欢迎。

这是一幢两层西洋楼房,是原国民党驻苏"大使馆"的馆舍,自从戈宝权代办奉命将其接收之后,已经根据需要进行了重新布置。

王大使下车后顾不上休息,立即主持举行升国旗仪式。

在瑟瑟晨风中,鲜艳的五星红旗首次在异国他乡冉冉升起。这旗帜向世界表明了新中国已经走上国际外交舞台,新中国的外交官已迈向了世界。

11月1日下午,王稼祥前往苏联外交部,拜会苏联副外长葛罗米柯。

王大使向葛罗米柯递交了国书及颂词的副本,以及将参加递交国书仪式的人员名单。

双方商定,于11月3日递交国书。

11月3日中午12点半,苏联外交部交际司官员乘最高苏维埃主席的汽车驶抵中国大使馆,恭迎王稼祥大使前往克里姆林宫。

王大使身穿笔挺的黑色中山装礼服,面带微笑,在苏联外交部交际司副司长布舒耶夫的陪同下,乘上苏维埃主席的汽车向克里姆林宫驶去。

中国大使馆公使衔参赞曾涌泉、参赞戈宝权、武官边章武等其他中国外交官乘大使馆的汽车紧随其后。

当汽车驶到克里姆林宫的鲍罗维兹基门时,克里姆林宫卫戍司令来到王稼祥大使车前行军礼致敬,并随即乘车在前面引导礼车驶向宫内苏联政府大厦。

在大厦前,大厦卫戍司令向王稼祥大使行礼,并同交际司长一起陪同王稼祥乘电梯来到大厦三楼。

礼宾官先引导王稼祥大使来到苏维埃主席办公室同苏方有关官员认识、寒暄之后,再由宫内礼宾官员引导至典礼大厅。

王稼祥大使在大厅中央站定,曾涌泉、戈宝权参赞,边章武武官等按职衔高低同苏联外交部官员交错着站立在他的身后。

这时,大厅一侧一扇高大的房门打开,苏联最高苏维埃主席团主席什维尔尼克迈着沉稳的步子走进来。

紧随其后的是最高苏维埃主席团秘书高尔金、副外长拉甫伦杰耶夫,以及外交部远东司的官员。

按照礼宾程序,什维尔尼克在距王稼祥大使四步之遥的地方站下,由交际司副司长布舒耶夫上前将王稼祥大使介绍给什维尔尼克主席。

随即,王稼祥大使宣读颂词。

王稼祥大使宣读完颂词,再由苏联外交部官员宣读了俄文译文。然后,王稼祥大使将由中华人民共和国中央人民政府主席毛泽东签署、周恩来外长副署的国书呈递给什维尔尼克主席。

什维尔尼克郑重地接过国书,再把它转递给礼宾官,然后致答词。

答词完毕,什维尔尼克介绍王稼祥大使同在场的其他苏方官员相见,然后请王大使到他的办公室进行交谈。

谈话结束后,大家回到典礼大厅。宾主合影留念后,什维尔尼克同王稼祥大使握手告别。

历时35分钟的递交国书仪式结束。

从这一刻起,新中国第一位驻外使节开始正式履行他的职责。

毛泽东定下的建交原则

在最初给我外交部发来的回函中,大多数国家一般只是做个比较含混的姿态,表示一下愿与新政权保持非正式的接触,静观局势的进一步发展变化。而有的则想借此机会求得新政权对其原外交人员地位的承认。

10月6日,澳大利亚政府致函周恩来外长,内称:

澳大利亚联邦的英皇政府正在仔细考虑北京中央人民政府的通知。当此研究尚未完成之际,由于一向存在于澳大利亚及中国之间的商务和政治上的友好与互利关系,澳大利亚政府建议:为了两国政府的更大的便利及为了促进两国间的商业,南京澳大利亚大使馆与上海澳大利亚总领事馆与中国方面适当当局须保有非正式的联系。

10月9日,葡萄牙前驻上海领事致周恩来外长的信函中转达其政府的态度:

葡萄牙政府对阁下来函已作最慎重之考虑,并愿表示,葡萄牙政府诚恳愿意在将来维持并发展经常存在于葡萄牙与中国两国人民间之友好关系。在此种情况中,葡萄牙政府希望在研究阁下来函及所述及之情况期间,建立与葡萄牙领事馆之非正式关系。

10月26日，原加拿大驻南京大使馆代办向黄华转来其政府口信，表示加拿大政府正在认真研究毛泽东主席的公告和周恩来外长的公函，在此期间，希望中国中央人民政府能按国际通常对待领事的办法，准许加拿大在华领事行使正常职权。

随着新中国政权的巩固，一些原来持观望态度的国家也开始调整它们的策略，宣布承认新中国。

印度政府先是于10月7日给周恩来外长发来电报。

随后，又于12月30日来电表示：在"对于中国嗣后的发展加以审慎的考虑后，决定和应当承认中华人民共和国"，"同时表示印度政府与贵国政府进入外交关系的希望"。

第二天，印度政府又经过印度驻南京原大使馆代办转告中国政府："印度政府业已撤销其对国民党政府之承认，依据此点，印度政府曾经通知国民党政府驻德里大使此后将停止与彼之一切外交关系。"

到1950年，已有缅甸、印度、英国、锡兰、挪威、丹麦、以色列、阿富汗、芬兰、越南、瑞典、巴基斯坦、瑞士、荷兰、印尼等国宣布承认新中国。

各社会主义国家迅速承认新中国是预料之中的事，而包括英国在内的一些资本主义国家也这样快地宣布承认，则多少有点出乎意料。对此，人民政府也制定了相应的政策。

如果按照一般的国际惯例，只要两国政府互相致电承认对方，也就可以视为两国正式建立外交关系的开始。但是，新中国此时所面临的情况是，很多国家还没有断绝同国民党残余势力的联系，有的在观望，有的虽然声明承认中华人民共和国，但在暗地里却仍支持国民党流亡政权，甚至还有的人正试图制造"两个中国"。

在联合国当中，有些已宣布承认新中国的国家，却仍在支持国民党集团。

在这种情况下，根据《共同纲领》第五十六条所确立的"凡与国民党反动派断绝关系、并对中华人民共和国采取友好态度的外国政府，中华人民共和国中央人民政府可在平等、互利及互相尊重领土主权的基础上，与之谈判，建立外交关系"的原则，中央人民政府决定凡外国与我建立外交关系，必须满足我方三个先决条件：

一、必须先断绝同国民党残余势力的"外交关系"；
二、在联合国中支持恢复中国的合法席位；
三、把现在该国领域内的属于中国所有的财产及其处置权完全移交给中华人民共和国政府。

接受这三个条件，双方才可以就建交的具体程序等事宜进行磋商，经过商谈确定建交的时间和互派使节等事项。

缅甸是继苏联之后第一个明确表示承认新中国并希望跟新中国建立外交关系的国家。因此，中缅建交谈判就成了上述原则的首次应用。

12月19日，毛泽东电报指示：

缅甸政府要求建立外交关系问题，应复电询问该政府是否愿意和国民党断绝外交关系，同时请该政府派一负责代表来北京商谈建立中缅外交关系问题，依商谈结果再定建立外交关系。此种商谈手续是完全必要的，对一切资本主义国家都应如此。如果某些资本主义国家公开宣布和我们建立外交关系，则我方亦应去电该国叫它派代表来华商谈建立外交关系问题……

毛泽东的指示确立了中国同资本主义国家建立外交关系的基本原则和做法。

1950年1月18日，缅甸联邦政府外长电告中国政府：

缅甸政府已于声明承认中华人民共和国之日，断绝了同国民党当局的外交关系，并且关闭了国民党在仰光的"大使馆"。同时，缅甸联邦政府决定，派缅甸原驻南京大使馆一等秘书兼驻昆明总领事吴辟先生为谈判代表前往北京，同中国方面进行建交谈判。

吴辟当时还在昆明，缅方希望中方能为其顺利抵达北京创造条件。

4月26日一早，吴辟带着秘书吴藻文等乘京沪直达车抵达北京。外交部办公厅交际科派人在车站迎接吴辟一行，并安排他们在六国饭店住下。

4月29日，吴辟来外交部礼节性拜会章汉夫副外长。

会客室里，交际科长韩叙将吴辟引见给章汉夫。

吴辟在南京和昆明任职时，曾经跟国民党政府各级官员打过不少交道，但他还是第一次同中国人民政府的高级官员接触，因此他看上去多少显得有点拘谨。

43岁的章副外长显得非常潇洒，言谈举止当中透着江浙人所特有的儒雅、干练和机敏。

章汉夫热情地同吴辟握手，询问了他一路上的情况，并进行了一些礼节性的交谈。

5月5日，吴辟再次来到外交部同章副外长会晤。

双方寒暄之后，先由吴辟宣读了缅甸政府任命其为缅方谈判代表的声明，随后章副外长根据经周恩来外长批准的既定方针，向吴辟介绍中方考虑的谈判程序。

吴辟对中方提出的谈判程序表示赞同，并说在研究之后将会就第一个问题给予答复。

一个星期之后，双方再次会谈。

8月7日下午6点，吴敏登在中南海勤政殿向毛泽东主席递交了国书。

中缅建交谈判进展十分顺利,由此证明中央确定的同非社会主义国家的建交原则的正确。

在缅甸之后,新中国同巴基斯坦、瑞典、丹麦、瑞士等国的建交谈判也没有出现什么大问题,比较顺利地完成了相关程序。

大使馆的"安营扎寨"

随着外交关系的建立,各国外交人员陆续抵达北京,开始大使馆的建馆工作。

外交是一项十分细致的工作,很多事情还非常繁琐。新中国外交是"另起炉灶"白手起家,事无巨细,都要从头开始,摸索着前进。

根据《日内瓦外交关系公约》,外交官享受外交特权与豁免权,也就是说,外交官人身不受侵犯,不得进行搜查、逮捕或拘禁。大使馆、公使馆、领事馆的馆舍和使馆的文件、档案等也同样不能侵犯。不过,外交官也不能在使馆里拘留其他人员。外交官携带的物品可以免关税,也不交纳当地的一些捐税等等。

这一切,都要有相关的规定来实施和保障。

还在各国开始建馆之前,外交部考虑到外交使团对房子的需求,就已经对北京市内适合作为大使馆馆舍的房子进行了调查了解。

1949年11月9日,外交部根据了解到的房源情况,致函给北京市房产委员会,提出为波兰、捷克、保加利亚、匈牙利、罗马尼亚、阿尔巴尼亚、蒙古和朝鲜等八个国家提供使馆馆舍。根据北京市公逆产清管局的介绍,初步选中了帽儿胡同四号,西堂子胡同一号、二号、十二号,赵堂子胡同二号,内务部街四十五号,太仆寺街新建胡同三号等八处房产作为以上使馆馆舍。

当时,新中国刚刚成立,人民政府各机关单位都需要办公用房,房子本来就比较紧张,而适合做使馆的房子就更不多。后来各国虽然都选中了自己的馆舍,但也不是十分满意,像波兰、罗马尼亚嫌办公和住宿过于分散,而蒙古、朝鲜等国的使馆所在位置交通不十分便利。

考虑到上面说的这些情况,外交部经过认真研究,提出各国可以申请地皮自建使馆。原则是费用由各使馆自己解决;建筑形式由其自定,但要经过人民政府城市建设委员会审查;所占地皮只有使用权,没有所有权,并要支付租金等等。至于建设使馆的地点,考虑可以在东单广场和东长安街南面一带。

当时瑞典、缅甸等国家提出了希望自己购置房产的要求。

同时,中国驻瑞典、缅甸大使馆在当地租房也很困难,一直没有合适的馆舍,影响外交工作的正常开展,于是使馆提出自己买房子作为馆舍。

国内同意了使馆的建议,驻瑞典、缅甸大使馆很快也看好了房子。

当我使馆向对方政府正式提出购房要求的时候，对方提出，按照外交互惠原则，既然中国大使馆要在他们这里买房子，那么，他们驻北京的大使馆也应当可以在北京购置房产。

外交部答复对方，购房可以，但按照政务院 1950 年 12 月发布的《关于外国教会及外国人在华房地产处理原则》规定，不能包括地产，也就是说，地皮不能买。

按照瑞典、缅甸以及当时欧洲大多数国家的做法，使馆要买房子，是可以连房产带地皮一起购买的，所以，他们认为中方只卖房子不卖地皮的规定不符合互惠原则，使中国大使馆的购房计划搁浅，一直拖了下来。

于是外交部请示中央，建议同意瑞典、缅甸提出的互惠要求。中央同意了外交部的建议。

除了房子，还有一个外国使馆的汽车问题。

经过外交部交际处紧锣密鼓的辛勤工作，各方面的安排进展得比较顺利，为各国驻华使馆外交活动的开展提供了积极有效的保障，这在当时是非常不容易的。

新中国第一批"使"字牌照

唐 军

笔者在新近开放的外交档案中看到了有关新中国第一批"使"字汽车行驶牌的记载。

新中国第一批"使"字汽车行驶牌,并不是汽车牌照,它是在各国驻华外交机构所属车辆的车身上加挂的特殊标志,以区别于其他普通车辆,是我国现有的外交车牌的前身。

1949年11月24日,北京市公安局发布了换发汽车牌照的通告。通告要求,凡在北京市道路上行驶的汽车,除了军车以及华北公路总局所属的车辆以外,须重新进行登记并领取新牌照、新驾驶执照,否则一律不准上路。当时登记在案的机动车共有2 300辆,其中就包括驻华外交机构的汽车。当时在北京的外交使团的汽车都领有北京市公安局换发的普通汽车牌照,例如,牌照号为"1☆00770"的汽车属于苏联驻华使馆用车,捷克斯洛伐克驻华使馆的车牌号为"1☆02962"。

新中国一成立,各社会主义国家对新中国都采取了热情支持的态度,苏联、保加利亚等11个社会主义国家相继承认新中国并派驻大使。中国同印度、缅甸等8个非社会主义国家也很快达成了建交协议并互派了外交使节。1950年新年过后,在北京的外国使节逐渐增多起来。

为区别于其他普通车辆,体现对使节的优遇,保障使节人身不受侵犯,1950年9月,外交部办公厅交际处(即现在的外交部礼宾司前身)着手考虑给驻京各外交机构的车辆颁发特制的行驶车牌。

参照国际上的通行做法,当时有两种方案,一是除车牌外,另外再悬挂一定的标志,如有些国家给使团车辆贴有"CD(Corps Diplomatic的缩写,外交使团的意思)"的标志;二是牌照单独编号,车牌颜色明显区别于其他普通车牌。

交际处当时倾向于第二种方案。但交通部门有不同意见,理由是"惟根据政务院颁布之汽车管理暂行办法规定,须颁有统一汽车牌照者始得通行全国各公路及市区道路,故使用使牌(使馆车辆专用牌照的简称,作者注,下同)之车辆似应先经检验领有统一汽车牌照方符规定。"交通部门所说的"汽车管理暂行办法"系指1950年4月11日经政务院批准颁布施行的《汽车管理暂行办法》,其中第六条规定:"凡汽车按照规定在所在地领有一次牌照后,可通行全国。除应有检验外,不再发另式牌照。"

至于加挂使节标志,开始公安部门并不赞同,"各国使馆及外交官之汽车,如使用使字标志,往来途中,易为敌特分子所乘,是不利于保卫工作的"。公安部门意见,"似使用一般牌照为好,不需另挂使字牌照。"而交际处指出这是国际惯例,是对外交官保护礼遇的体现,"需外国驻我国外交官乘用之汽车悬挂使牌之意义,原为使其与普通车辆有所区别,治安工作人员在积极方面易于保卫照料,此即驻在国在国际公法上对于保障外交官人身不可侵犯权一点所应做到之任务"。至于使牌易为敌特分子所乘,"此点虽是消极性保卫之良法,似已不适用于今日之场合,而应该从积极方面着想,所以增强保卫之彻底办法"。经交际处解释说明,公安部门最终同意使团车辆加挂特殊标志这一方案。

第一批使牌共制作了100对,毕竟当时在京外交机构的车并不是很多,材质为搪瓷,做工精致,每对成本5万元(相当于后来的5元),当时普通汽车牌照每对的成本费为3万7千元(相当于后来的3元7毛钱)。使牌圆形,直径20厘米,上有"使"字及编号。"凡使馆用车,概自五〇〇一始,而馆长专用车则自五〇〇一至五一〇〇,其他使馆用车,自五一〇一开始,如此则易于识别"。每一对牌照,两块牌编号相同,但一块是白底红字,另一块则为红底白字,这是"避免以同号之牌分挂两车使用",就是为避免今天所说的"套牌"现象的发生。

1951年9月18日,交际处照会各国驻华外交机构,告知颁发外交汽车专用行驶牌事宜。照会指出,自10月1日起,各国驻华外交机构公用及外交官自用汽车,均必须悬挂"使"字汽车牌。通知要求,各外交机构于9月22日以前将申领使牌的照会和申请表送交外交部交际处,经交际处审核同意,9月24日至9月29日各机构自行到北京市公安局领取牌照。照会还特别强调,"红底白字者挂车前,白底红字者挂车后。"

随照会一同递交的还有一式两联的申领使牌的申请表。申请表一共发放了94份,其中以苏联驻华使馆最多,15份,印度和捷克驻华使馆各10份,其他使馆或使团则相对要少些,有5份的,也有3份的。

在当时,挂使牌的汽车,能享受到一定的优遇:如免缴养路费;在公园及车站等处,经值勤民警同意可停放在临近出入口的地方;行驶途中遇有关卡,经出示外交官证后,可立即通行等。

第一批使牌的申领条件有严格的限制,车只能是轿车,吉普车、摩托车以及大小载重汽车一律不能悬挂使牌。

1952年，天津发生了几起民警拦阻领事馆汽车的事件。影响较大的有两起。一次是苏联总领事乘车去火车站途中，两次被民警阻拦检查，因车上插有苏联国旗，路人纷纷驻足观看，一时间传言四起；另一次是波兰领事开车行至一电影院门前，被民警拦下，当时围观的群众里三层外三层，不得已，波兰领事只好弃车步行离去。苏方和波方向我方提出交涉，驻天津的其他各国外交机构对此也反应强烈。天津市政府外事处请示外交部，建议给领事馆的车辆也加挂明显标志。

1953年1月1日，驻中国天津、上海等地外国领事馆的车统一挂上了"领"字标牌。领牌完全按照使牌样子定制，只不过将"使"字改为了"领"字。自此以后，各地基本上没有再发生随意拦截外交机构车辆的事情。

这种使牌一直沿用到了1965年。1964年3月，全国开始换发第三代汽车牌照，1965年3月18日，北京市公安局通知各国驻京外交机构换发新机动车牌照，取消原有的两块牌照，统一换发一块特制的专用号牌。号牌为铝质，黑色，上有红字"使"字头。新中国第一批"使"字牌照就此退出了历史舞台。

寻找拉姆斯菲尔德的失踪密友

李筱春

2006年7月16日至21日,中国中央军委副主席郭伯雄上将应时任美国国防部长唐纳德·拉姆斯菲尔德的邀请,对美国进行了为期5天的正式访问。这是郭伯雄副主席首次访美,也是布什政府执政以来,中国军方对美国最高级别的访问。7月18日上午在五角大楼会谈期间,郭伯雄副主席向拉姆斯菲尔德赠送了1956年中国空军击落美国一架海军飞机情况报告的档案复制件。当拉姆斯菲尔德从郭伯雄副主席手上接过这份特别的礼物时,感到非常意外,连声惊叹。这是因为,他的密友詹姆斯·迪恩就是在这架海军飞机上被中国空军击落的。为此,早在2005年10月,拉姆斯菲尔德就利用访问北京的机会,向中方提出希望帮助寻找失踪好友迪恩下落的要求。中方高度重视,积极回应,进行了认真查找。中方提供的这份档

郭伯雄副主席向美方赠送档案复制件

案表明，这架飞机被击落后，机上没有人员生还。郭伯雄副主席亲自将这一特殊的档案复制件作为礼物馈赠给拉姆斯菲尔德，显示了中方的诚意。这令拉姆斯菲尔德非常感谢中方的用心和努力。

拉姆斯菲尔德与迪恩的友情

寻找在执行任务中失踪的军人，是美国国防部的工作之一。在二战、冷战、朝鲜战争期间，美军有很多在他国执行任务的军人失踪，包括一些级别较高的军人。而拉姆斯菲尔德作为美国国防部长，却亲自过问一名在中国失踪的海军上尉，可见两人之间的关系非同一般。

迪恩与拉姆斯菲尔德是在康奈尔大学学习期间相识的，并成为好友。后来，两人都参加了美国大学海军预备役军官团，毕业后又一起在佛罗里达州的海军航空兵基地接受飞行训练，而且迪恩成了拉姆斯菲尔德的副驾驶。拉姆斯菲尔德一直宣称，迪恩是他最好的朋友。有一次，两人共同驾机训练，飞机离地的一瞬间突然出现异常，迪恩立刻提醒拉姆斯菲尔德，飞机右轮可能爆胎，建议立即驾机返回机场。发生故障的飞机在着陆时与地面发生剧烈摩擦，拉姆斯菲尔德和迪恩握住操纵杆的手臂几乎因此失去知觉，但最终化险为夷。这次死里逃生的经历让两人的关系更进了一步。那时，迪恩在康奈尔大学认识的女朋友夏沃经常到基地与他相会。由于迪恩没有房子，所以夏沃一般都会临时住在拉姆斯菲尔德家里。之后的两年时间里，拉姆斯菲尔德的小屋子便成了迪恩和夏沃爱情进展的圣地，直到1956年5月19日两人成婚。但是5月底，也就是在婚礼后的几天，迪恩就受命随所属中队进驻日本厚木海航站，迪恩夫妇也只好一起搬到位于日本岩国的海军航空站军营。从此以后，拉姆斯菲尔德就再也没有见过迪恩。

詹姆斯·迪恩中尉

拉姆斯菲尔德

50 年前的夜战

冷战开始后,美国为搜集中国军事情报,对中国大陆纵深进行战略侦察,1951—1953 年期间,美机侵犯中国领空就达 3 万多架次,据美国《自由共和网》不完全统计,1952 年到 1968 年期间共有 21 架美军飞机在中国领空被击落,包括空军的 B-29、F-86、F-104C、RA-3D,海军的 F-4U、PBM-5A、KA-3B、A-6AS、A-1H、P4M-1Q 等各种用途多种型号的飞机。但是 1955 年以前的中国空军中具有夜间战斗能力的飞行员非常稀少,没有取得过夜间作战的成果。从 1955 年开始,中国空军开始大力加强夜航训练,雷达情报网的建设也取得了初步成果。到 1956 年,一共有 3 架利用夜暗条件入侵的美机被击落,其中就包括拉姆斯菲尔德好友迪恩的 P4M-1Q 电子侦察机,这是最早被中国空军在夜晚击落的美军飞机之一。

P4M-1Q 电子侦察机

迪恩服役的海军第一电子反雷达中队(VQ-1)绰号"全球守望者",是美国老牌电子侦察部队,他们经常沿中国大陆、前苏联以及朝鲜海岸线飞行,收集电子情报。1956 年 8 月 22 日深夜,包括迪恩等 16 名成员在内的美国海军一架 P4M-1Q 型电子侦察机偷偷接近大陆。23 时 17 分,他们的行踪在东经 121 度 58 分,北纬 32 度 30 分(上海东北 145 公里)处被我雷达部队发现。当时他们的飞行高度为 1 500—2 000 英尺,速度 300—350 海里,航向 140 度,由北向南飞行。23 时 54 分 10 秒,在东经 122 度 30 分,北纬 31 度 20 分(上海东 100 公里)侵入我领海,并改航向200度直向我定海、舟山群岛上空入侵。23时59分,我空军第二师六团领航主任张文逸奉命起飞一架米格17战斗机,航向120度,高度1500英尺,速度750海里出航拦截。23日零时13分30秒,P4M-1Q又侵至东经122度15分,北纬30度37分我川山岛上空。零时17分2秒,我米格17在雷达引导下于衢山附近上空发现P4M-1Q。零时17分9秒,在距入侵飞机500—600公尺时,我指挥所命令米格17对P4M-1Q进行第一次攻击,零时17分52秒进行第二次攻击,P4M-1Q同时还击,我米格17立即进行了第三次攻击,见P4M-1Q起火并监视其至零时20分22秒坠落于衢山东南15公里海面后返航。

事件发生后,为获得美军侵入我国的物证,我东海舰队立即派出巡逻艇搜索。经过中方的不懈努力,成功地打捞出部分美机残骸和两具美军尸体,并将尸体移交给美国。与此同时,美国也派出水上救护机、海军第七舰队舰艇等前往飞机击落海域实施搜索,打捞出两具美军尸体。最后,美国只得到4具尸体,包括迪恩在内的其他12名机组成员至今下落不明。

遗孀夏沃认为迪恩生还

在飞机被击落后,美国海军对迪恩的遗孀夏沃说,迪恩多半死了,理由是没有发现他仍然存活的证据。但是,夏沃并不相信自己的丈夫是在军机坠毁时死亡的。夏沃在接受美联社采访时说:"他们宣称他失踪了,但我无法接受。我百分之九十九肯定,他还活着。"当时,迪恩年仅24岁,刚刚与夏沃结婚三个月。夏沃坚信她的丈夫还活着,并且一直在中国的某个地方。

此后,夏沃还为自己的说法找到了两大"证据"。一是美国1993年解密的第6004号空军情报局的档案文件说,在P4M-1Q飞机被击落后,有4人幸存,其中两名被美国搜救船救起。这两名幸存者回忆说,当时好像还有两名幸存者被中方救起,于1956年的11月底被送往一个中国官员的住所,其中一名看起来像迪恩。二是夏沃本人已经两次来中国进行查找,并自称,1999年她从一位中国人口中得

1956年迪恩与夏沃在日本军人公寓留影

知,两名美军飞行员还活着,但她又拒绝透露是哪位中国人透露的消息。

多年来,夏沃一直私下要求拉姆斯菲尔德向中国政府询问有关情况。现在,夏沃又公开要求拉姆斯菲尔德支持她,"更正"美国政府将迪恩列入"死亡名单"的"错误做法"。2006年5月8日,夏沃在凤凰城郊外的家中接受美联社记者电话采访时表示:"他应该被列为'失踪',我坚信他还活着!"

拉姆斯菲尔德亲自查找迪恩下落

作为迪恩的密友,拉姆斯菲尔德对迪恩的失踪非常关心,一直与夏沃保持着密切联系,并亲自查找迪恩的下落。1974年拉姆斯菲尔德任福特总统的幕僚长,时值美国与中国恢复正常外交关系刚刚两年,拉姆斯菲尔德就利用福特政府外交上的来往尽量获取有关迪恩和其他机组人员的信息。1975年,时任国务卿的基辛格在一份备忘录中写道:"中国已经通知我们并没有扣留任何美军人员和发现的尸体。"同年,当福特总统会见邓小平时,邓小平也给了福特一个备忘录:"中国没有扣留美军人员和发现任何尸体。"后来,遵照拉姆斯菲尔德的命令负责查找迪恩下落的前美国情报资深官员和海军军官哈维尔也得出同样的结论:通过分析P4M-1Q侦察机的残骸可以证明,在坠机的一刹那,飞机是机头入水的,这是难以让人生还的入水方式,迪恩生还的概率微乎其微。

出于对迪恩遗孀夏沃的尊重,在事发后近50年间,拉姆斯菲尔德只是秘密查找,一直回避在公开场合谈论有关迪恩的事情。直到2001年4月,在安德鲁空军基地迎接海军EP-3机组人员返回美国的仪式上,拉姆斯菲尔德发表演讲说:"那架飞机的副驾驶是我的好朋友之一,我曾为这位24岁的朋友拍过照片。"他回忆起了战友的相貌,哽咽着说:"迪恩是个高大壮实的家伙,总是面带微笑,乐于享受生活,办事认真,很容易跟周围的人相处。"不过,这些貌似轻松的话语当时并没有引起人们更多的注意。2005年10月,作为国防部长首次访华时,拉姆斯菲尔德终于改变以往的低调做法,专门向中方提及此事,这是他为此事寻找答案的最新努力。他在接受美联社采访时说:"我记得许多与他在一起的美好时光,记得失去他的痛苦。"

如今,郭伯雄副主席将有关迪恩下落的权威凭证赠送给了美国国防部长拉姆斯菲尔德。中国空军的档案材料再一次确凿地证实了一个事实:当飞机被击落后,并没有两名美国飞行员被中国救起,更不可能生还在中国的某个地方。或许,这只是一个被重复了多次的结论,但档案凭证的出现,却对于此前有关迪恩下落的多种猜测,乃至非议,有着不容置疑的说服力,也再一次有力地佐证了先前中方声明的真实性。这将有助于澄清事实真相,避免负面宣传,增进拉姆斯菲尔德本人、迪恩遗孀以及美国民众对中国和中国军队的了解和友谊。

解密"波兰事件"

王 倩

对于1956年爆发的"波兰事件"及我党所持的态度,有不少文章进行过描述和分析,其中有些文章部分地描写了事件的过程,但也有些文章不乏演绎的成分,有些甚至讹误颇多。在外交部档案馆2006年5月份开放的第二批解密档案中(1956—1960年),对于这一事件有着详尽的记载。笔者特为文以揭示事件的本来面貌。

波兰十月事件与波苏矛盾

在1956年召开的苏共二十大上,赫鲁晓夫作了一个震惊全世界的秘密报告《关于个人崇拜及其后果》,其主要精神是对斯大林的批判,这在各国共产党内引起极大的震动。此外,在苏共二十大期间,苏、波、意、保、芬五国党发表了联合公报,宣布1938年指控波共领导为间谍的材料是捏造的,解散波共缺乏根据,从而为波共恢复名誉。正是这样一份秘密报告和联合公报,犹如两颗重磅炸弹,引发了波、苏矛盾和波兰国内各种矛盾的总爆发。

原波兰共产党第一书记、共和国总统贝鲁特恰巧在苏共二十大期间病逝于莫斯科,波兰党很快失去了团结的核心,在党内引发了对于许多问题的激烈争论。虽然由奥哈布主持党的工作,但是党内意见分歧很大,分裂成两大派。解密档案中《告波党中央分裂情况》对这两派作了细致的分析:

赫鲁晓夫

波党政治局已形成两派,一派以政治局委员罗科索夫斯基、诺瓦克和马茹尔为代表,认为波兰出现了反苏反共浪潮,主张犹太人从领导职位上撤掉,停止民主化而恢复高度集中。这是少数派,虽然人民群众坚决反对,但却掌握军权,并且有苏联大使波诺马连柯的支持。另一派是中央的绝大多数,以政治局委员萨姆布罗夫斯基、奥哈布和中央书记处书记莫拉夫斯基为代表,主张国家主权独立和实行民主化,这一派得到了全国工人、学生、青年和知识分子的广泛支持。

6月,波兰各地不满情绪不断增长,矛盾迅速激化,爆发了震动全国的波兹南事件。波兹南市斯大林机械工厂的工人,反对工资改革,要求提高工资并派代表和政府进行谈判,而政府消极回避,致使10多万工人进行罢工示威并上街游行,进而发展成一场骚乱。波政府调集军队进行镇压,骚动才得以平息。但此后,波许多地方的工人都在闹事。解密档案对当时的情况有如下记载:

一时间波兰出现了一种反常的现象,越是过去的党务工作者和在公安部门工作过的人越是找不到工作,而如果是遭受过迫害甚至蹲过监狱的人则会很快找到职位,其逻辑是凡过去的当权者都是坏人,而过去被压制者都是好人。

我驻波兰使馆报回的《对[波兰统一工人党七中全会决议]的研究》详细分析了形成这种局面的原因:

波兹南事件暴露了波兰当前政治经济上的困难,和党及政府在政策上和工作上的错误,也说明了党和政府同人民群众之间的关系发生了裂痕,党必须采取有效措施克服经济上的困难,消除人民群众的不满,恢复和巩固人民群众对党和政府的联系和信任。

哥穆尔卡

在此背景下,群众强烈呼吁哥穆尔卡上台,走波兰自己的发展道路。哥穆尔卡在1945—1948年任波党总书记,后因为反对斯大林而被扣上"民族右倾主义"的帽子被免除职务、开除出党并被监禁,1954年才被秘密释放。

波党于7月18日至28日召开了七中全会,讨论局势。会上通过了进一步实行民主和改善人民生活的决议。大家认为目前波的经济萧条,人民生活水平还不如哥穆尔卡时期,党内要求改组并为哥穆尔卡恢复名誉、请其出来收拾时局的呼声愈来愈高。10月15日,波党政治局决定提前于19日召开八中全会,对党的领导机构进行改组,并准备选举哥穆尔卡为中央第一书记。

就在波党即将召开八中全会之时,赫鲁晓夫得知哥穆尔卡已恢复名誉并即将上台,波党八中全会将改组政治局,亲苏派将被排除在外,他心急火燎,立即表示反对波党七中全会的决议,指责波兰出现反苏浪潮。10月18日,他命令波驻苏大使波诺马连柯通知波兰,要求举行两党会谈,共商形势,波方对此予以拒绝。

1956年10月,哥穆尔卡复出后第一次在大会上讲话

赫鲁晓夫对此极为不满,不顾波党的反对,于10月19日清晨,同莫洛托夫、卡冈诺维奇和米高扬带领苏军总参谋长安东诺夫大将、华沙条约武装部队总司令科涅夫元帅和一大批高级军官飞往华沙,同时下令驻扎在波兰境内的苏军包围华沙,境外的苏军向波兰边境集结,以此对波兰施加压力。

华沙时间上午10时,波党八中全会正在进行中。此时苏代表团的飞机已飞临华沙上空,机场未接到上级同意飞机降落的命令,拒绝该机着陆,而赫鲁晓夫却无返航之意,该机在上空盘旋一个多小时。波党在此期间紧张地商讨对策,决定临时增加会议议程,增选哥穆尔卡、罗根索文斯基等人为中央委员并授权政治局和哥穆尔卡此后同苏共进行会谈。

会议中断后,哥穆尔卡同政治局委员急忙赶到机场迎接苏共不速之客。而赫

1957年1月,哥穆尔卡参加波兰议会大选投票

鲁晓夫下飞机后却把主人甩在一边,只同苏驻军将领握手,接着就同前来迎接的波党领导人展开了一场尖锐的舌战。解密档案中的《波兰政情》一文生动地再现了当时这场舌战的场景:

赫鲁晓夫对波总理西伦凯维兹讲:"我很沉重地来到这里,我不允许苏联红军流过血解放了的地方再交给美国人!"西伦凯维兹正告他:"请注意!你现在是在波兰做客,而不是在苏联讲话。"哥穆尔卡也很生气,说道:"我们比你们流的血更多,我们没有出卖给任何人!"当赫鲁晓夫指着哥穆尔卡问"他是什么人"时,哥穆尔卡毫不客气的回答说:"我就是哥穆尔卡,正是由于你们的缘故,我刚坐完了三年牢!"奥哈布告诉他,哥穆尔卡已经被提名为中央第一书记候选人。这时赫鲁晓夫竟大骂奥哈布是叛徒。

双方的争吵一直持续到下榻的宾馆——贝尔维德尔宫。途中赫鲁晓夫要司机把车直接开到波党中央,出席中央全会,被波方拒绝。波方决定暂时闭会,同苏共会谈后再重开八大。

当日中午,波苏两党会谈开始,会谈气氛异常紧张,双方互相指责,言辞激烈。波方此时已对苏共调集军队开进华沙的行动有所觉察。哥穆尔卡当即要求赫鲁晓夫下令苏军停止前进，返回驻地，并表示他不会在大炮瞄准华沙的情况下同苏方会谈的，如果苏军不撤退，他将到电台向人民说话。赫鲁晓夫迫于形势，态度变软，下令苏军停止进入市区。双方态度终于有所缓和，赫鲁晓夫被迫同意波党的人事变动，哥穆尔卡则承诺波党八中全会结束后即前往莫斯科。

20日清晨，赫鲁晓夫返回莫斯科。波党八中全会复会。21日哥穆尔卡正式当选为波党第一书记。

中国共产党对波兰事件的判断

哥穆尔卡恢复名誉后积极参加了波兰党中央的工作，并在全党和全国平反错案、冤案。波兰党内批判斯大林的情绪更为高涨，认为过去党的路线是错误的，要在党内肃清个人崇拜的影响，加强法制，发展社会主义民主等。对于这种情形，各国共产党存在着两种不同的认识。一种认为波兰党内对于斯大林的批判带有强烈的民族主义色彩，是对苏联的反对。另一种则认为这是过去苏联对波兰采取大国沙文主义政策造成的，是国家要求平等独立的现实诉求。

当时中国驻波兰使馆和新华社驻波兰分社的同志也存在这两种不同的意见，时任驻波大使王炳南以实事求是的态度向国内报回了对时局的两种分析，根据这种情况，中央及时将正确的意见反馈给使馆，外交部当时给使馆发了如下电文：

王大使：

使馆关于波兰政局的各项电报均收悉。我们认为，使馆注意对目前波兰政局的报道是好的，但应该说有些对波兰局势的看法是不正确的。使馆同谢文清同志的意见分歧中，谢的意见是正确的。请将此意转告谢，并请你们对波兰局势进行客观、全面的研究。

外交部
1956年10月25日

后来王炳南大使诚恳地讲："波党八中全会后，使馆认真研究过波兰的形势，有过不同的看法，新华社驻波记者与多数人的意见不一致。使馆向外交部和我党中央写报告时，坚持向中央负责的原则，把少数人的看法也如实上报，事实证明，真理在少数人一边。"

就在赫鲁晓夫率领阵容庞大的代表团飞赴华沙后不久，苏联驻华大使尤金向我党递交了苏共中央关于波兰问题致中共中央的通知。通知上说，波兰有脱离社会主义阵营、投入西方集团的危险，苏联准备动用武力，要我派代表团去莫斯科参加社会主义国家会议,讨论波兰问题。苏共用意明显,想让我党支持苏联使用武力,解决波兰党的问题。

毛主席立即于次日主持召开了中央政治局会议,讨论如何答复苏共的通知。毛主席明察秋毫,在这次会议上分析了波兰事件的性质,做出了正确的判断。吴冷西同志在《十年论战》中有一段极具权威性的记载:毛主席说,"苏联运用军队来对待波兰这样一个社会主义国家很不妥当。儿子不听话,老子打棍子,旧社会习以为常。但苏波关系不是老子与儿子的关系,是两个国家、两个共产党之间的关系。按道理,两党之间的关系是平等的,不能像旧社会老子对儿子那样。看来苏联就是把波兰当作儿子。苏波关系搞得这样紧张是苏联大国沙文主义造成的。"会议决定由毛主席立即召见苏联驻华大使尤金,向苏方表明中国坚决反对苏联武装干涉波兰。会后,毛主席接见尤金,严正指出:"如果苏共同意不动用武力,用和平协商方式解决苏波分歧,我们同意派代表团去莫斯科。"主席还请尤金马上打电话把我党的意见告诉赫鲁晓夫:"如果苏联出兵,我们将支持波兰反对你们,并公开声明反对你们武装干涉波兰。"随后毛主席还紧急约见了波兰驻华大使基里洛克,向他通报了同尤金的谈话内容,要他将中共对苏共信件(通知)的答复报告波党中央。

10月21日,已回到莫斯科的赫鲁晓夫签署了苏共中央的信函,通知我党,苏共已决定不采取军事行动,也不召开社会主义国家会议,并再次邀请我中央派负责同志赴莫斯科与苏进行会谈。

我方迅速对此做出反应,于22日晚7时30分再次召开中央政治局常委会,商定我党派团赴苏事宜。明确此行的任务是调解;方针是着重劝说苏共避免犯大国主义错误,同时在支持波党的情况下说服其顾全大局,巩固波、苏友谊,维护社会主义阵营的团结;方式是不参加他们两党的会谈,而是分别做工作,进行中苏、中波、苏波的三角会谈。会后,毛主席再次接见尤金,重申了我党处理波兰问题的意见,表示我同意派代表团去莫斯科。

刘少奇、邓小平赴苏劝解

10月23日,刘少奇、邓小平率领我党代表团飞抵莫斯科,赫鲁晓夫亲自去机场迎接,并陪同代表团直至郊外下榻的别墅。

在同苏共举行会谈时,刘少奇同志根据中央的方针,就波兰问题同苏方坦诚地交换了意见。刘少奇诚恳地指出:"我们感到在斯大林后期,对兄弟党有些强加于人,使用压力,要人家听他的话。有些事情是可以不干预或不应干预的,干预了,结果使人家感觉干涉党和国家的内政,主权受损,使党在人民群众中的威信受到影响。此外,处理问题的方式也不够好,不是真正商量,求得真正的同意,有时开会,事先没有商量,立刻提出来就要人家同意,而人家没有准备。还有,批评兄弟党工作错误的方式,我们认为也值得考虑……。最近《真理报》上发表批评文章,结果更加激起波兰人民的民族情绪的高涨。使得反革命分子利用这种情绪,我们想这种做法值得商榷。"在赫鲁晓夫谈到苏联对波兰帮助不少,而波兰的广大群众的反苏情绪很浓的问题时,刘少奇同志说:"小国对于大国的行动非常敏感,过度干预抵消了这些帮助。这恐怕是产生波兰和匈牙利事件的深远的根本原因之一。"

刘少奇同志进一步指出:"在社会主义阵营内部,国与国,党与党的关系要有一个原则,必须承认国与国,党与党的独立原则,平等原则。"他具体向苏共领导提出了毛主席关于处理苏联同东欧各国关系的新设想,即苏联对东欧"在政治上、军事上和经济上完全放手,撤出驻军,华沙条约也可以考虑不要,以克服被动,争取主动"。

经过我方诚挚的劝说,赫鲁晓夫迫于形势,口头上承认苏联过去所犯的大国沙文主义错误,同意要和波兰在新的基础上建立关系。

10月30日,苏联政府发表了《关于发展和进一步加强苏联同其他社会主义国家的友谊和合作的基础的宣言》。次日,我国政府即发表声明,表示支持苏联的这个宣言。

波方也对此宣言表示欢迎,两国政府代表团于11月18日进行了会谈,并发布了一份《联合声明》:

……

双方政府代表团认为苏联政府1956年10月30日发表的《关于发展和进一步加强苏联同其他社会主义国家的友谊和合作的基础的宣言》对发展和加强各社会主义国家之间的友谊具有重大意义。……在各次会议中,双方特别注意到进一步发展和加强苏联和波兰人民共和国之间的友谊问题。双方表示相信苏联和波兰人民共和国之间的牢不可破的联盟和兄弟的友谊将在完全平等、尊重领土完整、尊重民族独立和主权、互不干涉内政的基础上得到扩大、加强和发展。

……

周恩来访苏批评赫鲁晓夫

1957年1月,周恩来总理在访问波兰和匈牙利之后,应邀到莫斯科进行访问。出访前,毛主席主持召开了政治局会议,确定出访苏联的方针、计划,毛主席说:"只要苏共领导内部稳定,我们的事情就好办了,但是还要好好批评赫鲁晓夫一阵。"

在17、18日同苏共领导人进行的会谈中,周总理按照既定方针,对苏联处理苏

周恩来总理在波兰机场欢迎仪式上讲话

周恩来总理在波兰举办的招待会上致答词

波关系时的大国沙文主义坦率地进行了批评。在谈到波兰领导人对苏联武力威胁的反应时,总理说:"中国有句话,叫做'惊弓之鸟'。所以对于人民的情感,兄弟党要注意。"赫鲁晓夫问:"他们究竟怕什么?"总理说:"……他们害怕的是解决两党关系,干涉内部事务的那种方式。具体说了两点:大国主义,干涉内部事务。"赫鲁晓夫竭力辩解道:"我们去华沙,想在会上发言,表示我们的意见。我们当时打算同意哥穆尔卡担任书记,但哥穆尔卡的立场当时我们是怀疑的,是不信任的。所以在军事上也准备采取行动……。"周总理当即严肃指出,对兄弟国家不能采取这种态度,有不同意见要当面讲,不应背地随便怀疑人家。他说:"你们到华沙去,遭到了波兰同志的反对,谈了一天一夜,改变了决定。……这件事是个典型。如果波兰同志把这个问题向人民宣布,波兰人民就会炸了,不仅会认为这是干涉内政,而且认为是侵略。"赫鲁晓夫辩解说:"我们当时决定采取军事行动,因为那里是要发生推翻社会主义制度的政变。"周总理驳斥说:"这个估计是错误的,是严重的错误。不能根据这样的估计而决定动用武力。"赫鲁晓夫蛮不讲理地说:"现在我们不认为这是错误……我们对波兰的威胁性行动是帮助哥穆尔卡。"周总理说:"我们原以为,在这个问题上苏联同志会接受经验教训,但事实并非如此。我们觉得你们缺乏自我批评和承认错误的勇气。毛主席已预计到,华沙事件在波兰人民心中留下的痕迹一百年也是不会消失的。"赫鲁晓夫无言以对。

可以说,在波兰事件发生后,我党不止一次地做苏共的工作,并直面批评赫鲁晓夫,当然这是在内部进行的,而且当时没有对赫鲁晓夫和苏共中央的错误和意见全部讲出来。中国方面从中苏两党两国的利益考虑,在内部对他们进行真诚地劝说和批评,希望他们改正错误,以维护中苏和兄弟国家的团结,共同对付敌人,这在当时对稳定社会主义阵营起了积极作用。苏共虽然迫于形势接受了我党的一些正确意见和建议,但是他们大国沙文主义根深蒂固,波兰事件并未使他们真正吸取教训,反而埋下了以后中苏关系恶化的种子。

社会主义阵营内部避免了一场流血冲突

在波兰事件中,毛主席从客观现实出发,高瞻远瞩,向苏采取的行动说"不",在波兰社会引起了强烈反响。波兰认为是毛主席给赫鲁晓夫泼了冷水,使波、苏之间避免了一场可能发生的流血冲突。虽然毛主席的声音当时并未进入波、苏两党会谈现场,但是这个"不"字却是一字千金,对于赫鲁晓夫决定不动用武力确实具有不可低估的作用。

在支持波兰反对苏联大国主义的同时,我党并未忘记维护社会主义阵营的稳定与团结。1957年1月,为帮助波党度过1月20日议会大选难关,我党派正在东南亚访问的周恩来总理暂时中断对该地区的访问,应邀前往波兰。在访问期间,总理做了大量的工作,同哥穆尔卡多次深谈,帮助他分析形势,做波、苏两党的团结工作。但正如总理讲过的,波兰犹如"惊弓之鸟",对苏联心有余悸,又怕又怨。当时波兰报刊批判"斯大林主义"的文章比比皆是。使馆报回的《对波兰目前情况分析看法》详细地描写了波兰人民的这种情绪:

目前波兰社会上敌视苏联的议论甚为嚣张,有人公开烧毁俄文书,拒绝学政治经济学,有的竟说苏联是以帝国主义态度对待波兰,说战时苏军曾从波兰搬走了许多机器。又说苏联帮助波兰收复西部土地后曾要波兰以大量煤来赔偿(只付运费)。又说八中全会期间驻波苏军的调动已越出条约范围,并构成对波兰主权的侵犯。……有学生说除列宁外,苏联没有真正的共产党人。……

对此我党积极地做波兰方面的工作。1957年4月毛主席在宴请波总理西伦凯维兹时,曾耐心地奉劝他,从当年《毛主席和西伦凯维兹的谈话纪要》中可以看出毛主席对西所做的说服工作：

……

西：波苏关系存在问题我们也未公开，是苏联同志自己把事情弄坏了的。八中全会期间赫鲁晓夫去年在机场的表现，很多汽车司机和机场工作人员都看到了，他在机场上骂奥哈布是叛徒，在其他国家领土上这样做是不大恰当的。

主席："希望波兰与苏联的关系能搞好，帝国主义不怕中国，也不怕波兰，他们怕苏联，与苏联搞好关系很有必要。""社会主义阵营各国间也有矛盾，主要矛盾要解决，次要矛盾可暂置一旁。对社会主义国家也可采取求同存异的方针。"

……

1957年11月，毛泽东主席率中国共产党代表团在克里姆林宫参加苏联举行的十月革命40周年庆典活动

此后，毛主席还亲自做哥穆尔卡的工作。1957年11月，毛主席和哥穆尔卡分别率两党代表团在莫斯科参加苏联举行的十月革命40周年庆典活动。庆祝大会后，毛主席即与哥穆尔卡见面，时间虽短，但不是简单的寒暄，而是就实质问题交换了意见。15日晚上，毛主席专程到波兰代表团的驻地，拜访哥穆尔卡，双方再次进行了友好的交谈。哥穆尔卡坦率地指出，他不赞成"以苏联为首"的社会主义阵营的提法。（注：毛主席在14日的共产党、工人党代表大会上发言，着重讲了社会主义阵营要以苏联为首的必要性）。毛主席说，要不要有人为首，这不是单方面的事情，帝国主义有个头，我们也要有个头，一旦出了事，总得有个人来召集一下，就拿这次开会来说吧，苏联不出来，我们怎么办。苏联有多少力量，你我有多少力量。

只有苏联有资格为首。虽然苏联过去有错误,但错误作为教训对各国也是有帮助的。

20日,哥穆尔卡在回国前夕,特地率波兰代表团全体成员,到克里姆林宫中国代表团驻地向毛主席辞行。值得指出的是,在众多兄弟党代表团中,以这样大的阵容向毛主席辞行拜会的仅波兰一家,可见当时的哥穆尔卡对毛主席的态度非同一般。这次拜会中双方进行了第三次谈话。在交谈中,哥穆尔卡向毛主席倾诉苦衷,他坦诚地说,过去搞共产国际,波兰吃的苦头太多;现在会上是大家攻击波兰一家,他感到很压抑,并对苏共的作风很不放心。毛主席语重心长地讲了中国共产党的经验,讲了中苏关系和他第一次访苏的曲折经历,还讲了他对斯大林的看法和做法。哥穆尔卡从毛主席的谈话中深深感到了中国共产党的真诚,他同意毛主席的观点,称赞毛主席能从客观出发,没有主观主义。他还表示愿接受中国党的好意。临别时两位领导人热烈地拥抱在一起。

通过我党多次做工作,波兰接受了我们的意见,改变了对苏的态度。哥穆尔卡后来在讲话中曾说,他要努力改善与苏联党的关系,加强波苏两党在无产阶级国际主义基础上的团结。

对于毛主席和中国共产党的支持,哥穆尔卡在内心深处充满了感激,他曾经代表波兰党一再感谢中国共产党的支持。他特别强调:"如果没有中国党,不知事情会发展到何种程度。"波兰人民也对中国更加友好,认为由于中国的帮助才使波兰避免了匈牙利那样的流血冲突。

外交解密档案中的中苏关系及冷战铁幕

沈志华

令人欣慰,中国外交部档案馆于 2004 年对社会和国外开放了。与十几年前的情况完全不同,现在的第一手史料不是太少,而是太多。在这样丰富的史料基础上,只要研究者用心、刻苦,很多历史真相应该是可以探明的。遗憾的是,在中国目前的研究中,这些唾手可得的珍贵史料并没有得到应有的重视和利用,还是有很多人热衷于按照自己头脑中固有的成见或构想,变换各种角度和理念去描述和解释历史,却很少踏踏实实地分析和解读已经呈现出来的丰富史料,甚至还有人沿袭"文革"时期的做法,迎合某种政治需要去任意剪裁历史,这就更令人可笑和担忧了。

1949 年 6 月 30 日毛泽东公开发表了向苏联"一边倒"的宣言,从而表明了中苏结成同盟的明显倾向。当时,留在南京的美国驻华大使司徒雷登正在与中共秘密接触,甚至接到邀请北上面见中共领导人。同时,在米高扬一月底访问西柏坡后,苏共同意中共中央派出代表团秘密访问莫斯科。那么,毛泽东为什么在这个时候表明中共的立场?这里的关键问题就是刘少奇究竟是何时访苏的。但此事没有做过公开报道,研究者对此长期没有找到答案。1991 年出版了师哲(曾任刘少奇俄文翻译)的回忆录,内称刘少奇一行是 7 月 2 日出发去莫斯科的。于是,学者们便推断,毛泽东在中共代表团出发前发表的这个宣言,就是为了向莫斯科表明中共积极靠拢苏联的立场,为刘少奇与斯大林的会见定调子或做铺垫,以便取得苏联的援助和支持。其结果,自然是放弃了与美国进一步接触的机会。但 1996 年有关档案文献的披露,完全推翻了这种看法。俄国公布的"斯大林的克里姆林宫工作日志"和斯大林与刘少奇的会谈记录清楚地表明,6 月 27 日夜间,刘少奇与斯大林已经在克里姆林宫举行了成功的会谈。会谈记录显示,斯大林极其热情地接待了刘少奇,并且几乎答应了他所提出的一切要求,甚至还主动建议中共提前进军新疆。所以,毛泽东是在了解到斯大林的积极立场后,才下决心宣布向苏联"一边倒"的。有了莫斯科的支持、援助和保护,毛泽东就不再关心和顾忌美国的态度了。由此可以做出的推断是：第一，在中苏结盟的过程中，中国在客观上处于更为有利的外交地位；第二，毛泽东公开指责美国和拒绝走第三条道路的前提是已经与苏联确定了同盟关系。

如此看来，一两件档案的解密可以改变人们对历史的认识。

但这样说，并不意味着档案本身就是历史。中国外交部档案馆开放之初，吸引了国内外众多媒体。不少人以为，多年封闭的保密文件一旦开放，许多历史真相就会立即大白于天下，似乎档案解密本身就可以揭开历史谜团。这里包含了人们良好的愿望，也存在着极大的误会。殊不知，历史文献本身是不会说话的，且不说要在浩瀚的故纸堆中寻觅可以解开历史之谜的钥匙如同大海捞针——这需要历史学家事先了解问题的症结所在并付出辛勤的劳动，就是真找到了几件核心史料，也还需要研究者参照和对比其他已有的史料，进行认真梳理，缜密考证，如此才能还原历史的本来面目。

1958年8月23日毛泽东命令解放军炮击金门，在台湾海峡引发了一场危机，这是导致远东国际局势紧张的重大举动。作为同盟国，在此之前毛泽东是否征求过苏联领导人的意见，或向莫斯科通报过信息，关系到如何评判莫斯科对此事做出的反应，以及当时中苏军事合作关系的状况。笔者查阅了有关研究著作发现，许多研究者都认为中国事前向苏联通报了计划炮击金门的消息，但却都没有说明这个论据的出处。追根寻源，笔者看到，最早提出这种说法的是当时中国驻苏大使刘晓1986年出版的回忆录。刘晓说，赫鲁晓夫与中国领导人会谈时问及炮击金门为何事先不通知苏联，中方答复已通过苏联军事顾问把此事通知苏联国防部了。后来，1959年赫鲁晓夫访华期间与中共领导人的会谈记录公布了，经查证，刘晓的说法是出自10月2日会谈记录中毛泽东的说法。有了这样的档案依据，似乎就可以证明以往的结论的正确性了。但是笔者仔细考察后发现，还有更多的档案依据证明情况恰恰相反。吴冷西回忆录引证的毛泽东在1958年11月郑州会议的讲话，中央文献研究室编《毛泽东传》引证的毛泽东在1959年9月30日与赫鲁晓夫的谈话记录，都表明，毛泽东曾亲口说，炮击金门的行动事先没有通报苏联，更没有与之协商过。此外，在炮击行动开始前二十多天赫鲁晓夫访问北京期间，毛泽东与他进行过4次谈话。经查证这几次谈话记录，中苏领导人根本就没有谈起远东国际局势的问题，更没有提及即将开始的军事行动。由此可以得出的结论是：鉴于台湾问题是中国的内部事务，毛泽东在采取行动前没有向莫斯科请示和通报，但为了制约美国可能的干预，毛泽东又有意给外界造成一种印象，似乎中国采取的这个军事行动是中苏协商的结果。至于毛在9月30日和10月2日两次会谈中的不同说法，则是因为不同的会谈气氛使然。

中国的许多论著都认为，1950年的中苏同盟条约最初是中方起草的，经苏方同意后形成了最后文本,其根据是1月25日毛泽东和2月8日周恩来给刘少奇的电报。尽管这里的依据也是原始档案,但是这两封电报所反映的只有当事人的说法,这显然是不够的。要确定条约的作者,最重要的当然是找到条约起草时的文本。而上述论著的研究者都没有提供中方起草的文本,笔者也曾试图在中国的档案馆寻找有关文件,但始终没有收获。与此同时,笔者却在俄国档案中发现了大量条约的文本。这里不仅有苏方1月6日至22日共7次起草和修改的俄文文本,23日苏方交给中方的俄文文本,以及24日中方修改后又退还苏方的译本,还有关于31日周恩来与米高扬商议条约文本的情况报告。所有这些文件都证明条约最初是苏方起草的,而中方没有提出原则性的修改意见。两相比较,自然是俄国档案对于所要回答的问题更具权威性和说服力。实际情况是,1月初中苏达成签订新约的一致意见后,毛泽东开始布置周恩来访苏及其他准备工作,斯大林则组织了一个起草委员会,并立即投入到条约及各项协定的起草工作。就《中苏友好同盟互助条约》而言,在提交中国代表团之前,苏方共修改了七稿,1月22日得到苏共中央批准,并于1月23日双方会谈时交给中方;中方研究后做了一些文字性修改,于24日退还苏方,苏方基本没有再改动;此后双方又交换过一次文本(均未改动),并加以确认。但是作为历史的真相,学界仍需要找到可靠的材料,来解释毛泽东和周恩来为什么会坚持电报中的说法。

苏维埃社会主义共和国联盟最高苏维埃主席团全权代表维辛斯基在《中苏友好同盟互助条约》上签字

朝鲜战争是冷战史研究中的热门话题。过去人们不能确切地知道毛泽东和斯大林对于朝鲜统一问题的态度,后来俄国档案披露了5月朝鲜人民军总政治部主任金一访华与毛泽东的会谈记录,以及9月苏共中央主席团所做出的决议。由此得知,在1949年9月之前,苏联和中国都希望北朝鲜不要急于通过武力手段解决朝鲜民族的统一问题。但是,对于此后一个多月事情发展的进程,缺乏文献证据。后来又发现了一件俄国解密档案,即11月5日斯大林致毛泽东的一封电报,其中谈道:"鉴于您的10月21日关于朝鲜问题的电报内容,我们认为必须通报您,我们支持针对你们所说的问题的那种意见,同时我们将依照这种精神向朝鲜朋友提出我们的劝告。"不过，毛泽东来电究竟谈了什么意见，莫斯科将向朝鲜提出什么劝告，都没有说明，研究者也只能根据事态的逻辑发展进行猜测。直到 2005 年俄国学者又公布了一些解密档案，才把这一历史链条连接起来。在 10 月 26 日莫洛托夫为斯大林起草的一封以副外长葛罗米柯名义给毛泽东 10 月 21 日电报的回电中，讲明了背景情况："我们赞同您的意见，目前，朝鲜人民军还不应实施进攻行动。我们也曾经向朝鲜朋友指出，他们拟组织的朝鲜人民军对南方的进攻还不能付诸实施，因为，无论从军事方面，还是从政治方面，这种进攻行动都没有充分地准备好。""在我们看来，目前朝鲜朋友在争取朝鲜统一的斗争中，应该把自己的力量集中在开展游击运动，以及在朝鲜南部地区建立解放区和全面加强朝鲜人民军的工作上。"大概是出于谨慎的考虑，11 月 5 日给毛泽东发电报时，斯大林没有采用莫洛托夫的草稿，而是使用了前引那件用语简单的电报稿。尽管如此，莫洛托夫的电报稿还是清楚地反映了当时中苏两国领导人对朝鲜统一问题的一致立场。当然，这里还有一处小小的历史链条的"断裂"，即 10 月 21 日毛泽东致斯大林电，无论中国还是俄国，都还没有予以公布。如何解释毛泽东给斯大林发出电报的原因和背景，历史研究者只能等待档案的进一步解密和发掘。

朝鲜战争爆发后苏联代表没有及时返回联合国安理会，此期间联合国连续通过了几个美国提案：1950 年 6 月 25 日下午（美国东部时间）安理会通过的议案谴责"北朝鲜对大韩民国发动的武装进攻"，要求立即停止战争行动，北方军队撤回边界自己的一方，还要求联合国所有成员国支持联合国组织实施这一决议。根据这一决议，美国决定对战争进行军事干预。6 月 27 日安理会再次通过决议，责成联合国向大韩民国提供可能需要的援助，以击退武装进攻并恢复这一地区的国际和平与安全。7 月 7 日，还通过了派遣联合国军的决议案。那么，苏联代表为什么没有及时返回联合国，以阻止联合国安理会通过显然是不利于北朝鲜和社会主义阵营的决议呢？在有关朝鲜战争历史的研究中，这始终是一个不解之谜。研究者对此有各不相同的理解，有人认为这是苏联外交的一次政策失误，也有人认为这是莫斯科有意为之；有人认为这是斯大林对金日成的进攻计划取得成功充满信心的表现，也有人认为这一做法恰恰证明斯大林与朝鲜战争的发动没有关系；有人认为苏联这样做与中苏同盟条约有关，即坚持在联合国没有承认中华人民共和国的合法地位之前与其保持一致；也有人认为莫斯科这样做恰恰是出于对北京的不信任，其目的就是要造成中国与美国的对抗。不过，由于缺乏相关的文献证据，人们大多是简单地发表一下议论，很少有人进行专门的研究。

不久前俄国学者披露了一份直接涉及到这个问题的重要档案，引起了各国学者的注意。1950 年 8 月 27 日，斯大林要求苏联驻布拉格大使口头向捷克斯洛伐克总统哥特瓦尔德转达了如下内容：苏联"退出安理会的目的有四个：第一，表明苏联与新中国是团结一致的;第二,强调美国政策的荒诞愚蠢,因为它承认国民党政府这个稻草人是中国在安理会的代表,却不允许中国的真正代表进入安理会;第三,认定安理会在两个大国代表缺席的情况下做出的决定是非法的;第四,让美国放开手脚,利用在安理会中掌握的多数再做蠢事,从而在公众舆论面前暴露美国政府的真实面目"。斯大林进而认为,"我们已经达到了所有这些目的",因为美国已经陷入朝鲜战争,其威望遭到败坏,且"注意力从欧洲被引向了远东",从而推迟了第三次世界大战,"为巩固欧洲的社会主义争取了时间",这一切都是对苏联有利的。公布这份档案的俄国学者列多夫斯基认为:第一,斯大林已经预计到美国必然对朝鲜进行武装干涉,而且并不想阻止美国这样做,目的就是有意为美国人创造武装干涉朝鲜的条件,以便使美国陷入朝鲜战争不能自拔,从而削弱它在远东地区的实力,破坏其在欧洲的战略地位,同时推迟新的世界大战的爆发;第二,斯大林已经预计到,共产主义的中国有能力也愿意"帮助北朝鲜军队应付美国的干涉",因为在莫斯科看来,毛泽东为了中国的安全,绝不会容许美国控制朝鲜,更不能让他们进入中国的东北边境地区。因此,毛泽东必然要出兵朝鲜与美国军队作战。应该说,俄国学者对斯大林电报字面含义的这种理解是不错的,即苏联代表没有出席安理会阻止联合国通过美国的决议案,是经过慎重考虑和精心策划的一种策略,其目的就是要让美国陷身于朝鲜战争,然后再让中国出兵与之对抗,从而保证苏联在欧洲和国际力量对比中处于有利的战略地位。斯大林这位"档案作者"想要人们理解的正是这个解释。按照这种看法,从1950年初苏联退出联合国安理会,到莫斯科同意金日成的进攻计划,再到战争爆发后苏联代表拒绝返回安理会,这一切都是斯大林预先精心设计好并有步骤、有计划地实施的。然而,笔者研究发现,这在逻辑上是讲不通的,与已知史实也相距甚远。

首先,苏联退出联合国安理会是为了加强与中国的同盟关系,而不是出于应付尚未发生的战争的考虑。在毛泽东1949年12月访苏的开始阶段,双方在是否签订一个新的中苏条约的问题各执己见,谈判陷入僵局。由于毛泽东的固执态度,以及西方舆论对中苏关系现状猜测而形成的压力,斯大林被迫让步,同意签订一个新条约。此时,美国决策层正在激烈辩论如何处理美中关系问题,结果是国务院主张抛弃蒋介石而尝试与共产党中国建立关系的意见占了上风。1950年1月5日杜鲁门发表了著名的关于台湾问题的演说,声明台湾是中国的领土,如果在台湾海峡地区发生军事冲突,那是中国内战,美国不会干预。在中苏谈判进入关键的时刻,美国的公开宣言显然刺激了莫斯科。为了进一步加强与中国的关系,1月6日维辛斯基向毛泽东提出,希望中国"向联合国安全理事会提交一个声明,说明国民党代表留在安理会是不合法的,应该排除在安理会之外"。同时表示,苏联方面也将发表声明支持中国的主张,并宣称"只要有国民党分子在安理会中,苏联代表就不参加安理会的工作"。1月8日,根据毛泽东的指示,周恩来致电联合国大会主席罗慕洛、秘书长赖伊并转安理会成员国:国民党代表留在安全理事会是非法的,应将其从安理会开除。1月10日苏联代表马立克提出了把国民党代表开除出安理会的提案。当1月13日苏联提案遭到否决后,马立克宣布苏联退出安理会,以实行抵制,同时指出:在苏联缺席的情况下,安理会通过的任何决议都是非法的,对苏联不具有约束力。当天晚上再次与毛泽东会谈时,维辛斯基还指出,中国继续向联合国施加压力"具有重要的历史意义",因为苏联拒绝参加安理会的工作"实际上将导致联合国事务的瘫痪",而目前安理会的一些成员国非常担心出现这样的局面。由此可以看出,苏联退出安理会的这一举动是经过与中国领导人充分协商后采取的有准备的措施,其目的并非有意把中国隔绝于国际社会之外,恰恰相反,斯大林这样做是进一步向毛泽东表示他对中苏结成同盟关系的重视:苏联将全力帮助中国进入联合国,从而使国际政治中的力量对比大大有利于社会主义阵营,否则,苏联宁愿与中国"同甘共苦",而让联合国陷入瘫痪状态。此时,如何实现朝鲜统一的问题还没有列入莫斯科的议事日程。

　　苏联退出安理会6天以后,即1月19日,斯大林接到苏联驻平壤使馆的来信,说金日成在一次宴会中再次提出只有使用武力手段才能解决朝鲜统一问题,并要求面见斯大林。对此,斯大林一直没有答复。1月26日,在莫斯科的中国代表团向苏联提交了中国方面有关大连、旅顺和中长铁路协定的方案,这一方案几乎完全推翻了苏联的方案。1月28日,苏联方面回复中国代表团,基本上同意了中国的方案,但从反复修改的几个文本可以看出,这种选择显然是被迫做出的。1月31日斯大林答复平壤,表示同意朝鲜的计划,并要金日成到莫斯科面谈。待中苏同盟条约签订、毛泽东离开莫斯科以后,经过一段时间准备,金日成于4月10日秘密抵达莫斯科,与斯大林进行了十几天的商谈。会谈中,斯大林反复询问金日成有无必胜的把握,美国是否会干涉,如果美国干涉将如何应对。在得到金日成胸有成竹的回答后,斯大林终于同意全力支持朝鲜的军事计划。最后,斯大林要求金日成去北京,征求毛泽东对这一计划的意见。金日成走后,5月3日,斯大林通报毛泽东,金日成来过莫斯科,具体商谈的问题日后告知。随后,在莫斯科的催促下,金日成于13日秘密抵达北京,讲述了自己的计划。毛泽东最初感到意外,便紧急与莫斯科联系。斯大林14日电报答复,说朝鲜的计划已经得到莫斯科同意,但最后的决定权在中国和朝鲜。毛泽东只得表示同意和支持金日成的行动。

　　根据上述史实推断,斯大林很可能是出于对中苏有关东北权益的协定不满(其中的重要内容就是苏联将失去中长路和旅顺港),为了保证苏联在太平洋的出海口和不冻港——这是苏联远东战略利益的支撑点,才同意朝鲜的进攻计划的,而这样做的前提条件是金日成应在美国不干预或来不及干预的情况下迅速取得胜利。至于要求中国对这一行动的认可,一则是考虑到中苏同盟关系和中国在亚洲革命中的责任,二则是万一出现美国的干预可以指望中国对朝鲜提供支援。当然,这只是一个推断,但其基础确是已经掌握的史实。

朝鲜战争爆发后苏联反应迟缓、平静并面临两难选择。战争爆发的当天,6月25日下午,美国驻莫斯科大使阿兰·柯克按照华盛顿的指示,要求紧急会见苏联外长维辛斯基,得到的答复是:今天是星期日,外交部的领导人都不在莫斯科。6月26日晚(美国时间27日中午),苏联驻联合国外交官在长岛的斯德哥尔摩饭店举行私人午餐会,这是苏联人在抵制期间定期的社交活动之一,以便与安理会其他成员国保持政治联系。当时,联合国秘书长赖伊坐在美国代表格罗斯和苏联代表马立克中间。午餐快要结束的时候,赖伊告诉马立克说,他同其他外交官将前往安理会举行会议,询问苏联代表是否准备参加,并说:我认为贵国的利益是要求您出席的。格罗斯听后脸色煞白,他想用脚在桌子底下碰碰赖伊示意别再扯下去,因为苏联代表出席会议,无疑将使用否决权。但此时马立克摇摇头说:不,我不去。6月27日一整天,美国大使继续设法约见苏联外长,但始终未获成功。下午5时,柯克派人向苏联外交部转交了美国政府的备忘录,请求苏联政府向北朝鲜施加压力,停止军事进攻。6月29日联合国秘书长赖伊向苏联通知了安理会27日的决议。直到这个时候,莫斯科才正式做出反应。同一天,苏联第一副外长葛罗米柯会见美国大使柯克,向他递交了苏联政府关于朝鲜事件对美国备忘录的声明。声明说,对战争负责的应该是南朝鲜当局,苏联政府将继续遵循不干涉朝鲜内政的原则,而苏联政府无法参加联合国安理会,是因为美国拒绝中国出席,其结果使得安理会不可能做出具有合法效力的决定。同时,苏联政府还通知赖伊,莫斯科拒绝接受联合国安理会27日的决议。从中可以看出苏联政府如此迟缓、平静的反应以及在此后所作的公开声明在于表明:第一,苏联对这场突发的战争并不感到意外;第二,莫斯科坚持认为苏联代表的缺席会使得安理会做出的一切决议都不具合法性(在这一点上斯大林说的是实话,尽管已经毫无意义);第三,莫斯科只能采取置身事外的立场,因为如果苏联代表返回安理会,必将陷入两难选择的困境——不使用否决权就意味着对北朝鲜乃至社会主义阵营的背叛,使用否决权则等于承认在平壤的背后站着莫斯科,从而导致与美国和世界舆论的直接对立,而这都是斯大林不愿看到的结果。因此,苏联才会对返回安理会的"邀请"(赖伊)和"期待"(哥特瓦尔德)采取沉默和回避的态度。后来苏联代表返回安理会,只是现实让莫斯科意识到,苏联的缺席并没有对联合国成员国执行安理会决议产生任何影响,反而使自己因置身联合国之外而无法在国际社会发挥作用。

档案文献自然是最重要的历史记录,但常常有这样的情况,即仅仅查阅那些白纸黑字会让人感到不知所云。在这个时候,当事人的描述就能起到帮助研究者解读文件的作用。例如有关 1956 年 10 月刘少奇到莫斯科与苏共中央讨论波匈事件的情况，俄国档案公布的 24 日苏共中央主席团会议工作记录（速记记录尚未公布）就非常简单，只有几句前言不搭后语的文字，如"缺点是有的，应该纠正"，"有时是强加于人"，"形式上有时有匆忙做出决议的情况"，"他们带着准备好的决议来到这里"，"同苏共中央团结一致的保证"等。26 日会议的记录更是令人摸不着头脑："关于罗科索夫斯基一点是很关键的"，"哥穆尔卡太过分了"。在这个时候，当事人的回忆录就很重要了，因为它可以帮助人们理解档案的文字记录。师哲在两次会议上都做刘少奇的翻译，根据他的回忆，刘少奇在会议上的发言长达两个小时，主旨是一方面在分析危机爆发的原因时批评苏共的大国沙文主义、大民族主义错误，一方面表示中共要维护中苏团结，无论出现任何情况都保证与苏共站在一起。最后赫鲁晓夫发表讲话，表示完全同意刘少奇所提出的意见。至于 26 日会议的记录，根据当事人的回忆，实际上反映了当时刘少奇和赫鲁晓夫的共同看法：哥穆尔卡要把国防部长罗科索夫斯基排挤出波兰党的领导核心是中共和苏共都不能接受的。

笔者曾在新疆伊犁档案馆发现了一个文件：1962 年伊犁自治州党委在全州开展"三一"教育，即宣讲"一个党——中国共产党，一个祖国——中华人民共和国，一条道路——社会主义"。笔者当时百思不得其解，难道新中国已经建立了十几年，新疆的少数民族还不知道自己是中国人？档案文献本身没有提供答案。后经过采访当事人才得知，从上世纪 40 年代起至 1958 年，伊犁地区的中小学少数民族学生一直使用的是苏联版本的教科书，以致孩子们只知有莫斯科而不知北京在哪里，许多年轻的知识分子则认为"中国是自己的第二祖国"。如果没有当事人对历史背景讲述，研究者实在难以猜测个中的原因。

笔者在 2005 年中共中央文献研究室召开的《建国以来刘少奇文稿》（以下简称《刘文稿》）出版座谈上，曾经提出编辑档案文献的某些原则和规范问题。首先是挑选档案应该掌握什么原则。在笔者个人当时收集的俄国档案中，有关这一时期刘少奇与苏联交往的电报、文稿等共有 17 件（目前已增至 26 件），而其中只有 2 件相同的中国档案被《刘文稿》收入并予以完整公布。其余 15 件多是刘少奇与苏方的谈话记录或往来函电，按说中方也应该存有文稿，即使会谈发生在莫斯科，而按照当时苏联的规定，是不允许中方记录的，但至少也应有会谈后的情况通报。笔者无法统计《刘文稿》公布的文件在中国保存的相关档案中所占的比例，不过，与个人收集的俄国档案相比，17：2（或 26：2）的比例，差距似乎大了一些。其次是对档案进行删节应该掌握什么原则。例如 1949 年 7 月 27 日刘少奇与斯大林会谈的追记稿，本来有 6 个问题，《刘文稿》只公布了 1 个问题。根据第 41 页的注释所言，那几个问题"均为斯大林的谈话"，这应该就是删节的理由了。但 1949 年 7 月 18 日电也是斯大林的谈话,《刘文稿》初版是作为注释刊登的,而修订再版却列为了正文,这里似乎又不在乎讲话者是谁了。无论如何,刘少奇这次访苏与中苏结盟及新中国的未来发展之间关系极大,如果研究者能够知道斯大林谈话的详细内容,就会进一步搞清当时苏联对中共的选择究竟有什么影响,有多大影响。类似的删节,编选者或许并不经意,但往往会使研究者陷入迷宫。如《毛文稿》第一册公布的1950年10月13日致周恩来电,删节了"真日菲利波夫和你联名电上说"一行内容,岂不知这短短的几个字,恰恰就是当时判断10月11日斯大林与周恩来联名电报是否存在的唯一证据。所以,这种删节真是令人十分遗憾。

1987年出版的《建国以来毛泽东文稿》(第一册)公布了10月2日毛泽东致斯大林的一封电报,各国学者据电报的内容推论,中国领导人在这一天便接受斯大林的建议,做出了出兵朝鲜的决定。因为是中国官方正式公布的档案文件,一直没有人对这个结论表示怀疑。但是,1995年底俄国学者公布了另一封10月2日毛泽东致斯大林电,在俄国档案馆里保存的这个档案原件显示,毛泽东提出了许多理由来证明中国不能出兵援助朝鲜。问题随之而来:这两封电报究竟是一前一后,还是一真一假?经过认真的调查和分析,多数学者倾向于同意这两封电报都是真实的,只是中国档案馆保存的是毛泽东本人起草但一直没有发出的电报,而俄国保存的则是苏联大使罗申与毛泽东会谈后向莫斯科发回的转述毛泽东谈话内容的电报。

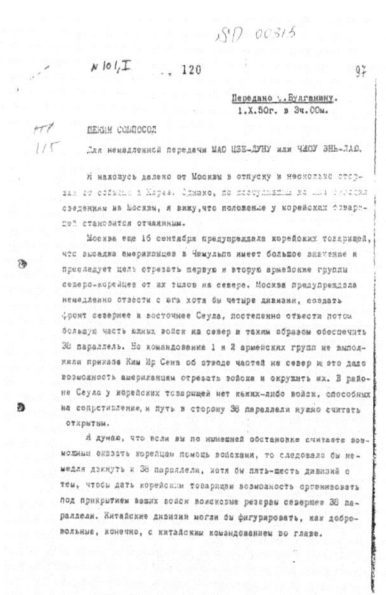

斯大林关于建议中国派部队援助朝鲜致罗申电(按俄国档案原件复印)

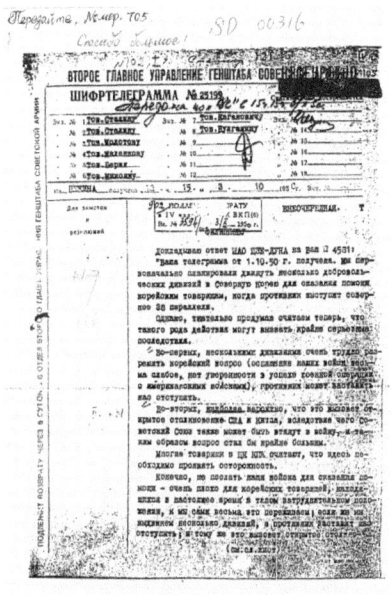

罗申转呈毛泽东关于中国暂不出兵的意见致斯大林电

实际情况是：10月1日接到斯大林的电报后，毛泽东便决心入朝作战，并起草了这封答复电报。但在10月2日的中共中央书记处会议上出现了意见分歧，决定再召开政治局扩大会议商讨。由于未能取得一致意见，毛泽东只得连夜召见苏联大使，表示了中国暂不出兵的意见。罗申以此作为10月2日电报于10月3日发给斯大林。原来那封电报自然就没有发出，而是作为档案保存起来。直到出现了问题，人们才注意到整理档案时被忽略的一个细节：当时中共中央发出的电报都有杨尚昆的签字和签发日期，而这封电报则没有任何签发的痕迹。

历史研究的发展在很大程度上依赖于档案的解密和发掘。因此，历史研究者迫切希望中国档案的保管、解密和使用逐步走向科学化、正规化和制度化。而新史料的不断涌现，又会反过来促使和推动研究者不断地对历史进行重新认识和表述。如此循环往复，经过档案工作者和历史研究者的共同努力，人们便有可能获得一幅逐步接近于真实的历史画卷。

周恩来与"烤鸭外交"

唐 军

笔者查阅了外交部向社会开放的一批1955—1960年间形成的档案,这批解密档案,内容主要涉及20世纪50年代中后期,中国在双边和多边外交领域的有关原则立场、对外交流交往等情况。在查阅过程中,看到了一些周恩来总理宴请国外元首的外交活动档案,了解到一段周恩来总理开展"烤鸭外交"的佳话。

设宴帅府园全聚德

据档案记载:1960年1月27日周总理宴请缅甸总理奈温和1960年3月21日宴请尼泊尔首相柯伊拉腊等,吃的都是烤鸭宴。

1月27日,正值中国农历庚子年除夕,中午12点半,周恩来总理在帅府园全聚德烤鸭店宴请奈温一行,中方参加人员有陈毅副总理、张爱萍副总参谋长、外交部副部长章汉夫等,缅方参加的还有缅甸驻华大使叫温,一共34人。而此次宴请的背景非同寻常。

1949年新中国成立后,中国同不少邻国存在着悬而未决的边界问题。而国际上某些别有用心的国家也利用这一点大造声势,"中国威胁论"等荒谬言论喧嚣一时。

由于历史原因,当时的新中国与缅甸存在未划定边界的问题,双方就此开展过多次会谈。早在1954年,为解决中国和印度关系中的某些问题,中国首次提出了著名的和平共处五项原则。1955年4月,周恩来总理在亚非会议上郑重宣布:"中国同十二个国家接壤,同有些国家的一部分边界尚未定。我们准备同邻邦确定这些边界,在此以前我们同意维持现状,对于未确定的边界承认它尚未确定。我们约束我们的政府和人民不超越边界一步,如果发生这类事情,我们愿意指出我们的错误并立即退回国境。至于我们如何同邻国来确定边界,那只能用和平方法,不容许有别的方法。我们如果一次谈不好,就再谈。"本着愿意同缅甸睦邻友好地解决边界问题的真诚愿望,中国领导人摆出了以和平共处五项基本原则解决中缅边界问题的态度。

奈温总理是访华次数最多的缅甸领导人,一生共12次访华。1958年,奈温出任缅甸内阁看守总理,并奉命组织大选选出新总理。1960年对中国的访问,是他第二次,也是他自己认为最重要的一次访华。此前,中缅双方已就边界问题达成了原则协议,但由于缅甸国内的原因,边界问题未能获得最终解决。按计划,1960年2月将举行大选,奈温以他特有的果断,决定在他看守政府任期内解决这一问题。

**1960年1月29日,缅甸联邦总理奈温将军(右),
结束了在中国的访问,乘专机离京返国**

1960年1月24日至29日,奈温来华商讨边界问题。1月27日,正值中国农历庚子年除夕,双方的谈判已接近尾声,对于协定和条约的大部分内容已基本达成一致。

总理的宴请就是在这样的背景下举行的。

宴请被选择在帅府园烤鸭店,它是1959年10月1日开业的,作为全聚德开的第二家分店,称为东号。这是周恩来总理第一次在这里请外宾吃饭。现将开放档案中记录的当天菜谱转录如下:

四冷盘:卤翅膀、糟鸭片、鸭肝片、拌鸭掌
热菜:鸭四宝、炸胗肝、爆鸭心
烤鸭、鸭架白菜汤、蒸蛋糕、蜜汁梨、鲜果

有关宴请活动的详细情况,开放档案中并没有记录,但根据事后的情况来看,这次宴请显然是一次水到渠成的"烤鸭外交"活动。

1月28日,周恩来总理与奈温总理分别代表本国政府在《中华人民共和国政府和缅甸联邦政府关于两国边界问题的协定》和《中华人民共和国和缅甸联邦之间友好和互不侵犯条约》上签了字。至此,中缅边界问题得到友好解决。《中缅边界条约》是新中国与亚洲邻国签订的第一个边界条约。

**1960年10月2日,首都各界人民在工人体育场举行盛大集会,
庆祝中缅边界条约的签订**

中缅边界问题的合理解决,是运用和平谈判方式解决此类问题的第一个成功范例。中国愿意同邻国睦邻友好交往的真诚愿望以及周恩来总理超凡的人格魅力给奈温留下了深刻印象,自此,他与周总理结下了深厚的友谊。1977年2月,全国人大副委员长邓颖超访问缅甸时,已担任总统的奈温破格给予了最高礼遇,以表达对周恩来总理的深切怀念之情。在欢迎宴会的讲话中,一谈到周总理,奈温不禁潸然泪下,有十来分钟低头不语。此情此景,在场的人无不为之动容。这是后话了。

中缅边界问题签订协定后不久,尼泊尔首相柯伊拉腊于1960年3月访问中国,两国首脑开始对中尼边界问题进行会谈。1960年3月21日双方签订了边界问题协定。原计划当天中午周恩来总理在帅府园全聚德宴请柯伊拉腊首相,但最后是由陈毅副总理出面宴请,周总理出席。

开放档案中记载的那天便宴的菜谱为:

1960年3月13日,周恩来(前排左二)陪同柯伊拉腊首相
(前排左三)参观密云水库

冷菜：拌鸭掌、糟鸭片、酱鸭膀、卤什件

热菜：扒鲜蘑龙须、炸胗肝、烩鸭四宝、油炮鸭心

烤鸭、鸭架白菜汤、冰糖菠萝桔子

这次访问后,1960年4月26日,周恩来总理同陈毅副总理访问尼泊尔,此后双方的交往不断,签订了和平友好条约、边界条约、边界议定书、贸易协定、文化合作议定书等一系列友好条约。

27次以烤鸭飨外国宾朋

据全聚德统计,周恩来总理曾先后27次到全聚德宴请外宾。第一次到全聚德是出席由彭真市长宴请以威廉·西罗基总理为首的捷克斯洛伐克政府代表团的便宴。1957年3月27日晚8时,周恩来总理准时来到了前门的全聚德。当时,全聚德还是早年的布局,楼上14间雅座,每间雅座9平方米,只能摆放一张大圆桌,显得很拥挤。

据全聚德的工作人员回忆,每次宴请,周恩来总理都要向外宾们介绍全聚德烤鸭和制作烤鸭的厨师。当看见厨师用娴熟的刀法快速地削下一片片鸭肉,转瞬间整只鸭子只剩下一个骨架时,外宾们无不发出阵阵赞叹声。客人还应邀参观店后面的加工现场,看到一个炉头通红的砖砌烤炉,挂着正在烤的鸭子,厨师手拿铁叉,间歇地用叉子把悬挂着的鸭子轮流转换位置或方向。实情实景,使外宾对中国精妙的饮食文化有了真切的体会。客人们往往会问起"全聚德"字号是什么意思,周总理便告诉他们,"全即全而无缺,聚为聚而不散,德指仁德至上",这是至今为止对"全聚德"三字最为经典的解释。席间,周总理还会向外宾们介绍全聚德在新旧时期的发展历史——从无到有,从小到大,直至享誉中外。在旧社会,全聚德深受通货膨胀、经济崩溃之苦,几乎濒临绝境;新中国,党和政府惠予扶持而获得新生。通过总理的介绍,来宾们在吃烤鸭的同时,很自然地对新中国所取得的成就有了感性认识。

"全聚德"原名叫"德聚全",是一位山西人在北平前门外肉市胡同开的一家干鲜果品店,由于生意不好,最终倒闭。清同治三年(1864 年),以经营生鸡生鸭生意的河北冀县人杨全仁买下此店铺,开始经营烤鸭。杨全仁改店铺名为"全聚德",并请秀才钱子龙书写了牌匾。"全"正含着他的名字,"聚德"取"聚拢德行"之意。有意思的是,牌匾上的"德"字故意少写了一横。原来那时杨全仁杨掌柜已雇了 13 个伙计,加上自己一共 14 人。"德"字为 15 划,少一划,暗含着 14 人要同心协力,重视商德;另一层意思是告诫大家心上不能横一把刀。

此后全聚德有了飞速的发展。全聚德菜的品种最初是鸭四宝,后来是全鸭菜,到了解放前后,全鸭菜品种已发展到了几十个,著名的有烩鸭四宝、炸胗肝、炒鸭肠、烩鸭雏、烩鸭舌、烩全鸭、糟鸭片、芫爆鸭肠等。到了 20 世纪 40 年代中期,全聚德发展至鼎盛期。但由于战乱,全聚德逐渐衰败下来,到了濒于破产的境地。

解放后,全聚德进行了公私合营,老店迸发了新的活力。经过大家细致研究,用鸭子通身的材料,做成整桌筵席,定名为"全鸭席",以突出全聚德烤鸭店的特色。"全鸭席"菜肴的配制,大致是以两只烤鸭作为主要菜品,另外佐以卤什件、白糟鸭片、拌鸭掌、酱鸭膀等四道凉菜;油爆鸭心(或火燎鸭心)、烩四宝、炸鸭肝、炒鸭肠等四道炒菜,最后一道是鸭架汤。

上文提到的档案,乍看抄录的两份菜谱,似乎没什么区别,都是用鸭子做成的菜,但后一份为"全鸭菜",前一份,即宴请奈温的那次,是"全鸭席",两者差异很大。

所谓全鸭席,是在全鸭菜的基础上发展起来的。全鸭菜,完全是用鸭子做的菜,而全鸭席,则是以鸭子为主要原料,加以山珍海味,经过精心定制而成的珍馐荟萃的高级宴席。到这一步,全聚德才有了纯粹属于它自己的菜系,才有了它自己的风貌。应该说,全鸭席才算得上是地道的北京菜。

胡志明想吃北京鸭,卓别林不吃美国鸭

有两件关于烤鸭的小事,更是生动地体现出周恩来总理对努力维护睦邻友好

关系,积极发展同国际友人友好交往的高度重视。

据前外交官李家忠(时任驻越南大使王幼平的翻译)回忆,20世纪60年代中期,越南共产党主席胡志明的病情逐渐加重,中共中央派出医疗组前往河内救治。1969年初,胡志明主席的健康状况相对稳定,医疗组回国休假。周恩来总理详细听取了医疗组关于治疗情况的汇报,当得知胡志明主席想吃北京烤鸭时,当即指示:一只烤鸭不够,要送两只。烤制烤鸭这件事在北京办起来很简单,但在炎热的夏季把烤好的鸭子送到河内,则有相当的难度。为此,周总理亲自把外贸部副部长李强找来,研究解决方法。在有关专家的努力下,成功地解决了冷冻保鲜问题,将烤鸭运到了河内。胡志明主席的秘书武期至今还珍藏着当年盛甜面酱的陶瓷小罐,作为珍贵的革命文物。

周恩来(左)和胡志明(右)

另一件事发生在日内瓦。1954年国际联盟会议召开,4月24日,周恩来率领代表团经柏林抵达日内瓦,引起了全世界的关注。当时在日内瓦召开的还有许多其他的国际会议,如世界卫生组织大会、世界电讯组织理事会、世界劳工局会议等。中国代表团除了参加日内瓦会议外还利用一切机会与各界人士,特别是著名人士积极交往,让他们了解中国,了解中国的建设成就和外交政策,这其中就包括在瑞士定居的著名喜剧大师查尔斯·卓别林。

卓别林在电影事业上的成就自不必说,作为国际和平人士,他在1953年刚刚获得国际和平奖金,声望和影响正旺。6月3日,在卓别林住地举行颁发和平奖金仪式,当时有几名中国记者到场采访。卓别林对中国记者的到来非常高兴,说很想看中国电影,特别是关于梁山伯与祝英台的故事。

当得知卓别林的上述想法之后,周恩来总理特意派外交部交际处王倬如处长与卓别林取得联系。考虑到卓别林艺术大师的身份,以及他对中国电影和艺术的浓厚兴趣,代表团给他安排了一个电影专场,放映了中国电影舞台艺术片《梁祝哀史》(即后来的《梁山伯与祝英台》)。看完影片后,卓别林表示非常感谢,夸奖主演范瑞娟的表演十分出色,还说自己对中国唱片和茅台酒等能代表中国文化的事物很感兴趣,并当即给周恩来总理写了一封热情洋溢的感谢信,信中表示,很希望能有机会见见周总理。为了进一步增进了解和友谊,也为了满足卓别林的迫切愿望,7月18日晚上,周恩来总理特意在花山别墅宴请卓别林和夫人,王炳南等作陪。当时著名越剧演员范瑞娟正在捷克参加一个电影节活动,周恩来总理特意让王炳南给我驻捷克使馆发电报,将范瑞娟请来参加活动。周恩来总理的细致安排令卓别林非常感动。在宴会上,卓别林品尝到了特地为他准备的茅台酒和北京烤鸭。当招待员把烤鸭端上来的时候,卓别林说:"我这个人对鸭有特殊的感情,我所塑造的流浪汉夏洛尔,他走路时令人捧腹的姿态,就是从鸭子走路的姿态中得到的启发。为了感谢鸭子,我从此就不吃鸭肉了。不过,这次是例外,因为这不是美国鸭子。"卓别林幽默的表述让大家感到非常愉快。周恩来对卓别林给予了很高的评价,称他为反对侵略、反对战争的伟大战士,是维护人类和平、友爱、文化进步的坚强卫士。并表示,从卓别林拍的电影和塑造的众多角色中,深深感受到了他呼吁人类友爱、世界和平的声音。听了周恩来的话,卓别林非常感动,他也对新中国的发展和进步,以及周恩来的卓越才能表示衷心的钦佩。席间,周恩来邀请卓别林访问中国,卓别林非常高兴地接受了邀请。1955年1月,外交部曾试图就卓别林访华的事情作出具体安排,但因为当时卓别林正在紧张地拍摄他的新影片,所以没能成行,不过这次交往给卓别林留下了美好回忆,此后,他常对友人说起自己的"中国情结"。

毛泽东著作海外出版轶事

亘 火

笔者在外交部档案馆查阅解密档案时，发现了一批涉及毛泽东著作在海外翻译传播的相关文件目录。这让笔者顿时浮想联翩：美国总统尼克松来华访问，与毛泽东笑谈"一切反动派都是纸老虎"；欧盟委员会主席巴罗佐、德国前外长菲舍尔都曾深受毛泽东思想的影响；伊拉克领导人塔拉巴尼曾将《毛泽东选集》翻译成库尔德文；委内瑞拉总统查韦斯能熟练背诵毛主席语录等——全球得以了解这位中国领袖的思想言行并留下深刻"烙印"，的确要归功于这一文化传播活动。仔细阅读这批档案，笔者发现，它还为我们揭开了毛泽东如何看待海外版权费、外交部是如何参与毛泽东著作修订工作等问题的答案……

整整"迟到"四个月的批复

1950年6月3日、19日，捷克驻华大使馆向我外交部发函，表示捷共拟责成自由出版社翻译出版捷克文毛泽东著作，包括《新民主主义论》《论联合政府》《中国革命与中国共产党》《目前形势和我们的任务》《在晋绥干部会议上的讲话》，整个出版计划将于1950年年底完成，请求毛泽东准予出版，并请毛泽东、朱德撰写序言。6月7日、20日，外交部办公厅两次向毛泽东、朱德请示，全文分别如下：

毛主席，朱副主席：

外交部接到捷克驻我国大使馆六月三日来函，称：捷克共产党已责成该国中央军事出版处于本年年底以前出版毛主席军事著作的捷克文

印尼文版《毛泽东选集》

译本,并请求您能给这个译本撰写一个简单的引言,今将该大使馆原函之中文译文呈报。

　　此致
　　敬礼

中央政府外交部办公厅
1950 年 6 月 7 日

毛主席:

　　外交部近接捷克驻华大使来函照称:六月三日该使馆请求您和朱副主席给该国中央军事出版处在年底前所出版的您的军事著作写一个简单的序,以及该使馆六月十九日请求对于捷克共产党捷克自由出版社要求出版下列各文:《新民主主义论》《论联合政府》《中国革命与中国共产党》《目前形势和我们的任务》《在晋绥干部会议上的讲话》,他们请求您的同意,并请您决定是否加上您的其他著作,他们请求给予出版许可书,今将该公函原件及职部中文译本一并呈上。

外交部办公厅
1950 年 6 月 20 日

　　档案披露,此后,捷克驻华大使馆曾多次询问此事的进展,1950 年 9 月 16 日,捷克大使馆再次发公文询问,外交部于 1950 年 10 月 14 日,再次呈报毛泽东、朱德,请示对此事的处理方案。

　　从几份档案文件的形成时间看,外交部于 6 月 7 日、6 月 20 日,仅间隔 13 天便两次发文请示,足见捷克方面催促之急,出版毛泽东著作愿望之迫切。然而,从 6 月中旬一直到 10 月中旬,整整四个月,毛泽东却没有给外交部与捷克驻华大使馆任何答复。那么,是什么原因让此事拖了如此之久?

　　此档案的最后一份文件,为我们解开了谜团。10 月 15 日,毛泽东终于批复:

　　请告捷克同志,这些文件暂时缓行,待数个月后,中国正式出版的毛泽东选集发行以后,再行选即可。

十月十五日

　　事实上,一直到 1951 年 7 月份,捷克方面才等到了《毛泽东选集》第一卷中若干篇文章在《人民日报》刊登,而经过毛泽东本人审定的《毛泽东选集》第一卷直到 1951 年 10 月 12 日才由人民出版社正式出版,捷克方面等了一年。至于毛泽东亲自酝酿并把关编辑出版的一至四卷本《毛泽东选集》,则花费的时间更长——将近

11年。

1948年，苏联曾建议将当年5月东北书店出版的《毛泽东选集》译成俄文发行。1949年初，中共中央决定系统地出版《毛泽东选集》，6月1日，曾致电苏联，告知经毛泽东校订的《毛泽东选集》将于当年6月底正式出版，希望苏联不要翻译出版东北书店版的《毛泽东选集》，可待毛泽东审定的《毛泽东选集》清样出来后再行译事。但是，由于战事倥偬，毛泽东没有时间做这件事情，故而"选集"未能按时出版。

1949年底至1950年2月，毛泽东访问苏联。斯大林曾向毛泽东建议，把在革命战争年代写的著作和文件编辑出版，以此总结中国革命胜利经验。毛泽东对此表示同意，提出希望斯大林派一位理论水平高的同志帮助完成这项工作。斯大林立即答应派苏联著名的哲学家、理论家尤金来华，帮助整理编辑毛泽东著作。

法文版《毛泽东选集》

1950年春毛泽东访苏归国后，中共中央成立了"中共中央毛泽东选集出版委员会"，由刘少奇任主任，主要成员有陈伯达、田家英、胡乔木，以及斯大林派来的顾问尤金、苏联驻华使馆翻译费德林等。随后，委员会立即开展《毛泽东选集》的编辑出版工作，拟将毛泽东在新民主主义革命时期的主要著作编为四卷，经毛泽东本人审定后，陆续出版。最先定稿的是毛泽东的著名哲学著作《矛盾论》和《实践论》，苏联驻华使馆翻译费德林将其译成俄文后寄送斯大林。斯大林读后予以极高评价，并亲自批示在苏共中央理论刊物《布尔什维克》杂志上发表。

由于新中国成立初期国事繁忙，毛泽东一直没有时间完整地进行审定工作，只在选稿和确定篇目上提出了自己的一些意见。抗美援朝三次战役结束后，毛泽东这才腾出时间，于1951年2月，入住位于石家庄西郊外石家庄保育院一栋临时装上暖气的房子里——这里环境优美宁静、空气新鲜宜人，是从事编辑工作的理想之地。毛泽东对这一地点是满意的。陪同毛泽东前来的有中共中央办公厅主任杨尚昆、公安部部长罗瑞卿等。随毛泽东在此居住的有秘书叶子龙。而毛泽东的另一位秘书田家英则是最忙的一个人。他穿梭来往于北京、石家庄之间，传递文稿，并将毛泽东审定的文稿交住在北京的费德林和师哲翻译。

毛泽东在这里主要修改一至三卷的初选文稿，审定第一卷的篇目，撰写第一卷部分题解和注释，大多是文字性的，但对个别文章也作了内容上的补充和修改。同时,也处理送来的电文、密件。经过毛泽东本人的反复斟酌,细心修改,入选的文章在内容上和文字上,都更加缜密完善了。直到4月底,顺利地审定完已排印好的100多万字的《毛泽东选集》清样稿。

毛泽东著作出版和海外传播

广义上讲,毛泽东著作包括以毛泽东名义发表的文件、公开讲话、书信、诗歌的单行本和比较系统的文选集、专题集。解放前,各解放区就有许多单行本问世,而且也先后编印过几种不同版本的《毛泽东选集》。现存最早版本的《毛泽东选集》,是1944年由邓拓主持编辑整理、晋察冀日报社出版的。文稿的主要来源是解放区报纸上公开刊登的文章文件。而解放前出版的《毛泽东选集》各种版本都没有经过毛泽东本人审阅,篇目有所遗漏,体例不相统一,文字也有错讹。

保加利亚文版《毛泽东选集》第1卷

抗日战争后期,1945年4月至6月召开的中共七大,确立毛泽东思想为全党的指导思想,系统地出版编辑毛泽东著作也渐渐提上议事日程。中共中央曾计划于1949年上半年出版由毛泽东审阅过的《毛泽东选集》。但直到解放后,一至四卷选集才陆续问世。《毛泽东选集》前三卷的出版时间分别为:1951年10月;1952年4月;1953年4月。毛泽东非常重视第四卷的编辑工作。在有关同志编好后,毛泽东对所有入选文章都要通读定稿。由于国事繁忙,第四卷延迟到1960年出版。"毛选四卷"出齐以后,不少人建议毛泽东接着出第五卷。但他认为新中国成立以前的著作,经过了实践和时间的检验,此后的著作尚未经过检验,不愿意仓促出版。1977年,"文化大革命"结束后,中共中央出版了《毛泽东选集》第五卷。

在西方,最早介绍翻译毛泽东著作的是美国记者安娜·路易斯·斯特朗。作为较早接触中国无产阶级革命领导人的她,于1928年写成了《中国大众》一书,介绍了《湖南农民运动考察报告》一文的主要内容,报道了朱毛会师湘赣边区和第一次、第二次全国工农代表大会的情况等,此书的出版让西方对毛泽东的思想有了初步的认识。毛泽东的"一切反动派都是纸老虎"的论断,最早也是通过她写的《中国人征服中国》一书,让西方世界烙下对"中国毛"的深刻印象。

1934年,共产国际翻译出版了第一本毛泽东文集,书名为《经济建设与查田运动》,内容包括毛泽东在第二次全国苏维埃代表大会上的报告和其他三篇文章,毛泽东的思想从此开始在共产国际内部传播。

20世纪40年代,日本开始接触并翻译毛泽东的著作,抗战时期,就有官方或者半官方的机构搜集出版毛泽东著作。到1952年,陆续出版了几种版本的《毛泽东选集》一到三卷,其中单行本《实践论》《矛盾论》印数达到30万册。

此外,解放后,朝鲜、蒙古、阿尔巴尼亚、古巴等社会主义国家也大量翻译出版毛泽东著作,学习借鉴中国革命取得胜利的经验。

除了国外主动翻译介绍毛泽东著作之外,建国后,中共中央也积极地通过翻译将毛泽东著作介绍到国外。据方厚枢所撰《毛泽东著作出版纪事》记载,1949年10月1日新中国建立后,国际新闻局即以"外文出版社"的名义出版毛泽东著作单行本。当时师哲任外文出版社社长,第一种单行本是用英、法、德、印度尼西亚、阿拉伯文出版的《论人民民主专政》。1950年代前半期,中共中央对外联络部、马克思恩格斯列宁斯大林著作编译局、外文出版发行事业局等机构开始组织翻译出版《毛泽东选集》外文版的工作。许多著名翻译家参加了不同文种、不同时期、不同卷次的翻译工作。此后,又组建专门对外机构——中国国际书店(今中国国际图书贸易总公司),提出中国要"输出自己的出版物,把毛泽东思想和中国革命胜利的经验介绍到外国去,特别要介绍给东西方被压迫民族"。因此,新中国建立之初毛泽东著作的主要发行对象就是世界各国共产党、左派团体等。

1960年,中央外事小组在外宣工作规划中进一步提出:为了适应世界人民革命斗争的需要,要大大加强毛泽东思想的宣传,要集中力量出好《毛泽东选集》的英、法、西、日等外文版。而"文化大革命"的展开又将向海外传播"毛泽东思想"的浪潮推上了顶点。1960年代后期,中国国际书店发行名单中大量增加了亚、非、拉国家,如伊拉克的巴格达出版社,埃及的民族出版发行公司、和平书店、环球书店,叙利亚的大马士革出版社,阿根廷共产党创办的劳太罗出版社、迪尔普莱书店,乌拉圭共产党创办的人民联合出版社等。其中以非洲地区为最,包括埃塞俄比亚、突尼斯、塞内加尔、喀麦隆、塞拉利昂、苏丹、索马里、象牙海岸、乌干达、坦桑尼亚、尼日利亚、摩洛哥、加纳等,几乎覆盖了整个非洲大陆。

海外版权费寻踪

毛泽东著作(包括单行本和选集等)海外版的版权费收益问题是笔者比较感兴趣的。有文章称毛泽东一生稿费收入过亿。也有文章称:根据权威统计,从上世纪50年代至1965年底,毛泽东累积的稿酬、海外版权费,共121.3万元,其中17.5万元是海外版权费外汇折算成人民币,包括卢布、日元、马克、法郎等等。

笔者无法查证上述数字来源的准确性，但据资料反映，毛泽东身边的工作人员吴连登曾回忆，那时的一些社会主义国家，尤其是广大的第三世界，翻译出版了很多毛主席著作，经常给毛主席汇稿费过来，因为国际上都是有稿费制度的。对于朝鲜、阿尔巴尼亚等国汇来的稿费，毛主席让中央办公厅一一退了回去，多数是汪东兴主任经办的。

笔者在外交部解密档案中，也发现了可以印证吴连登回忆的有关材料。在"捷克要求出版《毛泽东选集》"的档案记录中，有一份外交部的报告证实，对社会主义国家和国际共产主义团体出版社通过外交途径要求译介主席著作的，毛泽东曾多次拒绝版税，他所关注的是翻译母本的版本、翻译质量的好坏。解密档案记载：

根据吴青（当时是外交部苏欧司东欧科的工作人员）讲，过去捷克曾请求毛主席准许翻译"在延安座谈会议上的讲话"，当时毛主席回答不要版权，但要捷克出版当局负责翻译正确，并令中宣部供给单行本，作为捷克翻译本的根据。可见毛主席对于他的著作的翻译是很审慎的。

另外，外交部的这份内部报告还对捷克方面拟翻译《毛泽东选集》人选的学术背景及其汉译水平，进行了详细客观的分析与考量，结论认为此人不太适宜翻译主席著作，并据此向中央提出了相应建议。

而另一份"1963年瑞典请求翻译毛泽东文选"的档案也涉及了海外稿费问题。

中央外办、外交部：

近有瑞典社会民主党"时代出版社"负责人莱温（Harry Levin）主动来使馆联系称：他系社党群"社会主义读书会"组织主席，该会有会员二三千人。因有会员提出希望阅读毛泽东《论文学与艺术》、《湖南农民运动考察报告》和《中国红色政权为什么能够存在》等著作，与"时代出版社"研究后，有意将这三篇文件翻译成瑞典文出版，每文三四千册，询问是否同意以及有无版权问题。并表示，经费全部由其承担，翻译人选由我们推荐。

我们考虑，此事有益无害，在对方接受全文发表、不加按语、不作删改和出版文本事先经过我审查等条件下，可同意其翻译出版，不收版权费。

驻瑞典大使馆
1963年5月20日

五天后，外办、外交部正式答复：

驻瑞典使馆：

20日电悉。关于"社会主义读书会"要求翻译出版毛主席著作事，同意你馆所提的处理意见。

外办　外交部
1963 年 5 月 25 日

档案文件中涉及了版权问题——驻瑞典大使馆初次上行的公文就明确地建议，"可同意其出版，不收版权费"。而外办和外交部未再发任何公文向主席请示如何处理，仅五天后就直接给予了"同意"的批复。对此，一个比较合理的解释就是：在当时，毛泽东对于各国通过外交途径要求译介其著作，不要求版权费已经成为了约定俗成的惯例。

另据外交档案披露，对于社会主义兄弟国家和西方共产党社团通过外事途径要求翻译出版《毛泽东选集》，我方不仅主动赠送翻译标准母本、给予版权，而且对对方出版中遇到的困难还主动予以帮助。如：1952年，向朝鲜赠送《毛泽东选集》并准予其翻译；1953年，批准以色列社会主义出版社出版毛泽东著作；1953年，同意民主德国外交使团提出翻译出版《毛泽东选集》的要求，等等。

删改毛泽东著作事件

1953年1月19日，外文出版社起草了《对于〈毛泽东选集〉英语本出版的初步意见》上报中宣部，当时的副部长胡乔木阅后转报"毛泽东著作出版委员会"主任刘少奇审批。2月19日，刘少奇批示同意，5月25日中国国际书店与英共领导的劳伦斯出版公司签订在英国出版《毛泽东选集》英文本的协议。协议议定，中国国际书店将《毛泽东选集》的正式英译本在英国出版与发行的全部权利赋予劳伦斯出版公司，《毛泽东选集》英译本卷数及各卷内容与莫斯科外国书籍出版社出版的俄文版保持一致。所有权三年，合同有效期满后仍归中方。

1954年3月29日，英国共产党总书记波立特给中共中央来信，提出他们在翻译时，准备将《毛泽东选集》第二卷《战争和战略问题》一文的第一、第二两节删去。原文指出："革命的中心任务和最高形式是武装夺取政权，是战争解决问题。这个马克思列宁主义的革命原则是普遍地对的，不论在中国在外国，一概都是对的。""但是在同一个原则下，就无产阶级政党在各种条件下执行这个原则的表现说来，则基于条件的不同而不一致。"英方并附来了负责《毛泽东选集》英译本出版的英国劳伦斯出版社负责人摩里斯·柯恩佛斯的信，信中说明了需要删节的理由。其后，波立特再次写信给我党中央，解释理由：这两段文章主张采取武装革命，不符合英共"走向社会主义之路"的纲领，英国的法律禁止一切公开出版物出现推翻政府的言论，同时，如果此英译本在美国出版和发行，亦有可能使美共受到美国政府的迫害。

5月,中共中央宣传部请示刘少奇后替中央起草了给波立特的复信稿,认为可以同意波立特的意见。这封复信稿送中央审阅时,受到毛泽东的批评:"陆定一同志:中宣部在这个问题上犯了错误——同意英国党的错误提议——应当注意。八月十三日。"毛泽东还指出,波立特"提问不妥",我方同意对方意见"回答不妥",并"退王稼祥同志照办"。

8月中旬,由王稼祥任部长的中央对外联络部重新替中央起草了复波立特的信,明确表示:我们不能同意在《毛泽东选集》英译本中把《战争和战略问题》头两节删去的提议,"因为毛泽东同志在该文件中所说到的原则,是马列主义的普遍真理,并不因为国际形势的变化,而须要作什么修正。而且《毛泽东选集》已经出版俄文版及其他外国文版,都没有作什么修改。至于《毛泽东选集》英译本在美国出版发行的困难问题,可以采取下列的办法解决:出版能在美国发行的选集,某些文章或演说如被美国反动法律禁止出版时,可不包括在选集内,但是《毛泽东选集》的美国版的目录事先应当征得作者的同意"。这封复信经毛泽东审阅后于8月23日发出。

1955年5月,毛泽东会见英共领导人哈里·波立特,与他当面探讨过这个问题。但劳伦斯出版公司1956年竟然在未经过我方同意的情况下出版了第一版英译本《毛泽东选集》,删除了这两段。我方通过外交途径要求对方恢复被删改的内容,遭到对方的拒绝。1959年,英国方面提出要签订第二版的合同,我方坚持要求恢复被删改的内容,如果不恢复,我方将收回版权,不准备在英国出版。解密档案披露,1959年11月9日,中央指示,由徐永煐写信表达上述立场,并由当时驻英国代办宦乡将文件交英共方面负责翻译润色的吉尔斯转交英方,并"坚持此意见到底"。但英共方面仍不让步。最后,我方未授权劳伦斯出版公司翻译第二版《毛泽东选集》英译本。对于这件事情,从现存的档案资料来看,毛泽东是相当不满的,他在会见外宾时,多次提到此事,认为这是路线问题,放弃武装斗争是件非常危险的事情,并且,通过武装斗争夺取政权不光是中国革命取得的经验,在全世界也是无产阶级革命的普适真理。

1956年3月,在会见印尼共产党领导人艾地、越南劳动党领导人长征时,有如下谈话:

在资产阶级掌握国家机关和军队的国家,我们如果只作和平取得革命胜利的打算,那是要吃亏的,因为我们并不是资产阶级的参谋长,他让不让你和平取得胜利,并不决定于你的主观愿望。

1959年10月26日,他在接见澳大利亚共产党领导人夏基时又谈到了这个问题:

但是在从理论上讲问题时，就要把这个问题讲清楚，讲彻底。国家是暴力机关，无论奴隶（制度）国家、封建制度的国家或资本主义制度的国家都是暴力机关。无产阶级专政的国家也不例外。离开了暴力的国家还叫什么国家……

革命用战争手段和用和平手段也是两条腿走路。实际上大量工作是用和平手段通过日常工作进行的，战争时间并不长，但最后解决问题还是要靠战争。不用两条腿走路，就不能夺取政权。

毛泽东著作英译本遭删改，给中国方面的震动是相当大的。1960年，胡乔木作为负责处理翻译毛泽东著作的领导人，在给外交部情报司的文件中，给出了处理此类事件的原则。

外交部情报司：

9月29日来信收到，（一）兄弟国家中已经出版毛泽东选集者，可函请他们在中共中央编辑的毛泽东选集及其俄译本、英译本后据以校正。

（二）兄弟国家的出版社请求译印"毛主席著作"者，应请将其拟翻印的目录先行通知，俟征得同意后再行译印。

（三）译印稿无法审核者可不予审核。

……

中央宣传部　胡乔木
1960年10月19日

在"文化大革命中"，这段旧事又被某些别有用心的人利用，作为攻击刘少奇"篡改毛泽东思想"的罪证。"删改事件"时任新闻出版署国际新闻局副局长的刘尊棋，"文革"后接受学者李辉采访时曾透露，1968年他因"六十一人案"[注]被投入北京半步桥监狱，受审讯时，作为此事的直接经办人，他被一再逼问，要求老实交代是如何勾结胡乔木"篡改毛泽东思想"的，其矛头显然是指向刘少奇的。

注 释 疑 云

在外交部解密档案中，笔者还发现了外交部曾参与修订《毛泽东选集》工作的相关档案。

1960年8月15日中宣部国际宣传处发送给外交部英国科如下电文：

英国科负责同志：

在毛选四卷注释里，提到英国紫石英军舰暴行事件，在紫石英号军舰被我打伤扣留后,"英国当局"曾由远东舰队司令布朗特经过紫石英舰长同我军代表进行多次谈判,要求将紫石英号放行,在谈判中,英方始终采取无赖态度,拒不承认任何罪行……

有些同志提出意见说,"据英国议会辩论记录",远东舰队司令布朗特四月二十六日在英国,指挥英舰进行暴行只提到副司令马登。

我们想请你们核对一下往来中关于"英国当局由远东舰队司令布朗特经过紫石英舰长同我军进行多次谈判"这样的叙述是否合乎事实?有何根据?

希你们核对后,能尽快退给我们。谢谢

国际宣传处　8月15日

档案中提到的"紫石英号事件"发生在1949年4月20日至21日。由毛泽东亲自撰写的《中国人民解放军总部发言人为英国军舰暴行发表的声明》一文(编入毛选第四卷,选编者添加了注释),其注释一是这样表述的:

1949年4月20日至21日,当人民解放军渡江作战的时候,侵入我国内河长江的紫石英号等四艘英国军舰和国民党的军舰一道向我军开炮,打死打伤我军二百五十二人。我军逆行还击,紫石英号负伤被迫停于镇江附近江中,其他三艘英舰逃走。英国当局曾由其远东舰队司令布朗特经过紫石英号舰长同我军代表进行多次谈判,要求将紫石英号放行。在谈判中,英方始终采取无赖态度,拒不承认侵略罪行。当谈判还在进行之际,紫石英号军舰于7月30日夜趁江陵解放号客轮经过镇江下驶,强行靠近该轮与之并行,掩护逃跑。当我军警告其停驶时,紫石英号军舰竟开炮射击,并撞沉木船多只,逃出长江。

就中宣部的询问,外交部进行了调查,并作了口头报告,同时留有书面处理报告:

此事已请示宋司长并征求新闻司康茅召司长(当时我方谈判代表)意见后,已于8月20日以电话方式答复中宣部刘同志同意谈判中(英国当局……多次谈判)一句的提法。当时我军事代表康茅召上校,曾与紫石英号舰长进行过十几次谈判,但英方一直不肯给该舰长授权书,而希望由布朗特与袁仲贤(当时第三野战军参谋长,镇江前线司令员——笔者注)通过书面进行谈判,布、袁之间亦曾有过几次书面来往,注释中此句提得比较笼统,是可以的,反映了当时的情况。

何梅
1960年8月22日

上述调查虽解答了该注释的存疑,但此注释是否与"紫石英号事件"事实相符合,史学界一直有争论:一是首先是哪方开的炮?二是英国方面是否擅自上溯长江?三是国民党舰船是否参与其中一起向解放军进攻?

对于毛选中存在的问题,毛泽东提出修改注释的意见,从1962年8月起,"中共中央毛泽东选集出版委员会"开始对注释进行全面校订,但由于"文化大革命"而耽搁。以后随着时间的推移,《毛泽东选集》又经过了多次修订。1991年6月,中共中央决定重新修订出版《毛泽东选集》第二版,经过多方调查和取证,新修订的注释解决了多年来的争论。

单就"紫石英号"事件,当时担任第三野战军十兵团司令员的叶飞在其回忆录《征战记事》中谈及,1949年4月20日、21日英国紫石英号等军舰驶入人民解放军十兵团二十三军的防区,并且无视解放军前沿部队发出的警告信号,为了保证解放军渡江的顺利进行,是他下令首先向英舰开炮的。而据当时担任十兵团炮三团政委、"紫石英号"事件谈判时的中方代表康茅召说:"英舰溯江上驶是得到南京当局同意的;然而在发生军事冲突时,江上并无其他船只,并未发生国民党军舰参与之事。"

据此,新版本《毛泽东选集》对原注作了修改:

1949年4月20日至21日,当人民解放军渡江作战的时候,侵入中国内河长江的紫石英号等四艘英国军舰先后驶向人民解放军防区,妨碍渡江,中英双方发生了军事冲突。英舰开炮打死打伤人民解放军二百五十二人。紫石英号也被人民解放军击伤被迫停于镇江附近江中,其他三艘英舰逃走。英国当局曾由其远东舰队司令布朗特经过紫石英号舰长同人民解放军代表进行多次谈判,要求将紫石英号放行。当谈判还在进行之际,紫石英号军舰于7月30日夜趁江陵解放号客轮经过镇江下驶,强行靠近该轮与之并行,借以逃跑。当人民解放军警告其停驶时,紫石英号军舰竟开炮射击,并撞沉木船多只,逃出长江。

[注]:"六十一人案件":1936年,经过当时党中央领导班子的同意,由张闻天代表中央给中共北方局领导人刘少奇去信,同意北方局提出的方案,刘少奇遂通过柯庆施通知薄一波、刘澜涛、安子文等被关押在北平监狱中的61位同志,通过履行国民党规定的出狱手续的方式出狱,继续从事抗日斗争。但在"文化大革命"中,1967年3月16日,中共中央发布《薄一波、刘澜涛、安子文、杨献珍等关于自首变节问题的初步调查》的文件,将这批同志定性为"叛徒",矛头直指刘少奇。1978年12月16日,中央发布《中央同意中央组织部〈关于'六十一人案件'的调查报告〉的通知》,正式为该案平反。

解密外事警卫制度

唐 军

新中国外事警卫制度的创立,始于保卫第一个与我国建交的苏联大使馆。在新中国成立以来的风雨历程中,担负外国驻华使馆警卫任务的外事警卫部队,日夜警惕地守卫在素有"第二国境线"之称的使馆哨位上。执勤战士挺拔的身姿,早已成为北京使馆区一道英武的风景。外交解密档案揭示了这支特殊部队在新中国成立之初的一些创建内幕。

解放军战士守卫在外国驻华使馆门前

1949年12月26日清晨,当附近居民从北京南长街55号院捷克斯洛伐克驻华使馆门前经过时,发现门口站立着一名全副武装的解放军战士。虽然寒风凛冽,但他昂首挺胸,手握枪柄,目光警惕。战士军装左臂上佩有"公安"臂章。后来人们知道,他隶属于新成立的解放军公安部队,他和他的战友来自中国人民公安中央纵队第一师第二团。

第一师的前身是四野的一个野战师。1949年,根据北平市面临的形势和社会治安状况,中央军委决定,将正准备南下作战的该师留在北京,与其他部队一起担负中央首长、机关和首都的警卫任务。1949年11月,中国人民公安中央纵队成立。

新中国成立后,各社会主义国家对新中国都采取了热情支持的态度。苏联、保加利亚等11个社会主义国家相继承认新中国并与我互派大使。中国同印度、缅甸等8个非社会主义国家也很快达成了建交协议。随着外交关系的建立,各国外交人员陆续抵达北京,开始大使馆的建馆工作。

根据国际惯例:使馆馆舍不得侵犯。接受国负有特殊责任,采取一切适当措施保护使馆馆舍免受侵入或损害,并防止一切扰乱使馆安宁或有损使馆尊严之事的发生,使馆的安全保卫工作提上了中央外交工作的主要议事日程。

解放初期的北京，社情复杂，歹徒、流氓及其他无业游民为非作歹，抢劫、偷盗时有发生。而国民党潜伏下来的特务组织也时刻伺机破坏。刚成立的新政权保卫外国驻华使馆的责任尤显重大，任务艰巨。

根据中央的指示，公安部、外交部等有关部门高度重视外国驻华使馆及其工作人员的安全保卫工作，遇有使馆（以下所称使馆皆指外国驻华使馆）确定馆址后，便会派出解放军战士在门前持枪警卫。譬如最早建馆的苏联驻华使馆以及前文所述捷克斯洛伐克驻华使馆。不仅使馆，大使馆邸也设置有固定岗哨。但对于使馆其他工作

中国人民解放军公安部队

人员的住所不再设置警卫。使馆将馆员租住房屋的信息照会外交部办公厅交际处（外交部礼宾司的前身），交际处便会通知公安部门，由当地派出所负责留意该房屋周围的安全状况。

新中国外交是"另起炉灶，白手起家"，事无巨细，都要从头开始摸索着前进。对于使馆的保卫亦是如此，警卫制度也经历了初创、成型、发展的过程。

刚开始时，并不是每个使馆门前都设置岗哨，设不设岗，充分尊重使馆的意见，如果使馆不同意或有保留意见，便不予设岗。外交解密档案披露，瑞典大使认为本国国内并不为外国驻瑞使馆提供警卫，驻华使馆亦无需此种保护。印度使馆提出，该馆办公地点（东交民巷 32 号）与汇丰银行及其职员住宅在同一院内，且同一大门进出，如果设岗，将使院内的非使馆人员感到不便，希望将设警卫一事暂时搁置。故此，瑞典、印度等使馆门前都没有安排警卫。这些使馆的安全由北京公安纠察总队巡逻队以及所在地派出所予以保障。

两起震惊中央的涉外案件

1950 年，北京、南京相继发生的两起涉外事件，充分说明了在使馆设置警卫的重要性和必要性。

北京。1950 年 7 月 30 日晚上 10 点半左右，位于贡院西街 4 号的罗马尼亚大使官邸里，上楼准备睡觉的女佣刚走到楼梯中间，突然看见一个陌生男人，女佣吓

得大声尖叫。此时,已躺下休息的鲁登科大使听到喊声,手持手枪立刻跑了出来,他对空开了几枪,不速之客慌乱中跳下阁楼翻墙而逃。附近派出所民警及驻军听到枪声后很快赶到,经仔细搜寻,未见歹徒踪影。事后检查,衣柜已被打开,由于发现及时,东西没有丢失。

在调查此案时,办案人员发现了一个重大疑点,大使官邸前原派有我方警卫保护,但不知何故,事发时未见有警卫。经了解才知道,原来事发前一星期,使馆临时雇佣的外籍女佣未经大使和使馆同意便擅自对门口的警卫战士说,这里不需要设岗哨了。战士听使馆的人这么说,便撤走了。该女佣说这话后没两天,便因雇佣期满而离开了官邸,经调查,她与此次事件没有关联。

南京。1950年9月3日晚上11点,三名歹徒手持刀枪,闯进北平路59号前埃及驻华使馆代办阿巴提的住宅,先后捆绑了管事等三人,被响声惊醒的阿巴提与歹徒展开了搏斗。歹徒掏枪向他射击,由于是臭弹,枪未打响。穷凶极恶的歹徒又用铁棒猛击阿巴提的头部,并在他身上连扎三刀。阿巴提负痛跑出门外大声呼救,歹徒仓皇逃走。后阿巴提被送入医院,经全力抢救,才脱离危险。

经过缜密调查,南京市公安局很快侦破了这起震惊全国的新中国成立后首宗涉外劫案。原来是国民党特务组织得知埃及使馆藏有大量黄金、美钞,便策划了这次破坏行动,除计划筹集一部分反革命活动经费外,更妄图给新生的革命政权造成恶劣的国际政治影响。

此案发生后,中央指示南京:

现前埃及代办处既发生匪徒劫案,亦可能引起特务对外国使馆施行挑衅阴谋,故对各前外国大使馆仍应恢复武装守卫门口办法,如我公安局已有可靠的武装警察,即可用其执行此项任务。

组建外事警卫队,专门负责使馆的安全保卫

经过近两年的实践,使馆警卫工作总体良好,得到了各馆的好评。虽然执勤的条件艰苦(除个别使馆的警卫因使馆正在修缮的原因临时借用使馆的房间外,大部分战士无论风吹雨淋,都是在露天下执勤),但战士们依旧精神饱满,军姿挺拔、纪律严明。他们为不能南下参加解放全中国的战斗而遗憾,但经过动员和教育,都觉得能保卫新中国的首都而感到无尚光荣。

但在执勤过程中确实也存在着一些问题。主要是:担负警卫的部队,不是固定的连队,同时战士们缺乏必要的外交礼仪常识,难免有时工作方法简单;另外由于职责不明确,工作程序不规范,在个别事情的处理上与使馆发生了一些争执。

为进一步加强使馆警卫工作,1952年,公安部报请周恩来总理批准,决定组建

"外事警卫队",专门负责使馆的安全保卫工作。

经过层层挑选和审查,320 名政治可靠、机动灵活、粗通文字、五官端正的年轻战士成为外事警卫队的首批队员。

8 月中旬,警卫队组建完毕,在正式走上执勤岗位前,全体队员接受了为期一个月的严格的集中培训。据外交部解密档案记载,培训的内容主要有:

一、政策教育。1. 外事警卫的重要性;2. 各国驻华使馆一般情况及哨兵处理问题的一般原则;3. 一般国际常识及礼貌。

二、业务教育。1. 外事警卫的职责及其特殊要求;2. 目前敌特活动情况和哨兵应注意的事项及其他;3. 使馆驻地社情调查的一般知识。

正在执勤的外事警卫战士

教员则来自公安部和外交部的各有关单位。

此外,还有射击、武器、军容、军纪、政治教育等方面的内容。

9 月下旬,面貌一新的使馆外事警卫精神抖擞地奔赴各自岗位。

由于工作性质特殊,外事警卫队享有一定的特殊待遇,譬如:

着装方面:

1. 胸章、帽徽、领章均用人民警察的样式,唯领章左边用"外"字,以资识别。

2. 服装样式、颜色与人民警察同,其质量要求用斜纹布。在夏天增发一套军衣,冬天亦按交通警的装式发给皮哨衣和棉皮鞋。[注]

武器方面:

该队一律背驳壳枪,束腰皮带,佩五联皮子弹袋。

警卫队配备有摩托车和自行车——使馆距离营房驻地 2—5 里之内距离的,采用骑自行车换岗,再远的或者执行紧急任务时用摩托车。

同时,在执勤的使馆门前,设置了固定岗亭。遇有恶劣天气,警卫可以入内执行任务。

使馆外事警卫制度基本形成

1952 年 9 月,为规范使馆警卫工作,公安部、外交部联合印发了各国驻华使馆外事警卫暂行条例。条例明确了外事警卫的职责,规定了哪些可以做,哪些不可以做。

中国外事警卫战士

条例规定：

使馆警卫任务系保障使馆及其人员的安全，维护使馆驻地的秩序，并防止外部坏分子对使馆的侵犯破坏。

外事警卫对于该使馆外交人员及其眷属进出概不阻拦（如外事警不认识时，则以电铃知照传达，由传达处理之）。

凡有来宾欲入使馆时，须由警卫以电铃知照传达，由传达处理之。

外事警卫人员不得随意进入使馆。如有特殊情况时，须经公安部警卫局及外交部同意，并取得书面手续后方准进入使馆；如使馆请警卫人员入内时，亦须取得其书面手续。

凡使馆与外事警卫人员一方或双方有意见时，均由外交部协商公安部及使馆解决之，外事警卫人员不得与使馆直接交涉。

1953年，公安机关发现有小偷进入未设岗的驻华使馆或大使官邸，虽未发生重大事件，但公安部门感觉责任重大。经慎重研究，在参考苏联做法的基础上，决定为每个使馆及大使官邸均设置警卫，并且不再征得使馆同意后再设岗，而是改为在设岗前告知使馆。自此，新中国使馆外事警卫制度基本形成。

[注]：1950年初，全国统一了人民警察服装制式及领章和帽徽。5月1日，北京市公安局首次为治安、户籍、交通、消防民警配发新制式夏服。警服为米黄色，左衣领按警种缀钉冠以"治"、"户"、"交"、"消"字首加号码，右衣领缀钉"人民警察"字样的领章，并佩"人民警察"布质胸章；冬季警服为墨绿色，着墨绿色带耳扇的解放式棉帽。帽徽为中间嵌"公安"字样的黄边红五角星。

档案记述的中苏建交轶事

苑基荣

新中国的外交事业起步于与苏联正式建交,外交部档案馆有关解密档案记录了那段值得铭记的岁月。

轶事之一:毛泽东主席激动地与机要秘书握手

新中国的建立震动了世界,立即引起各方面的反响。作为支持过中国革命的苏维埃社会主义共和国联盟是最快作出反应的国家,开国大典后仅两个小时,苏联政府承认中华人民共和国的照会就发到了中南海。当毛泽东看过机要秘书送来的莫斯科照会之后,激动地同机要秘书握了握手。这位机要秘书给毛泽东送过无数次文件,像这样的握手还是第一次,这足以表明毛泽东对苏联承认新中国何等重视和激动。

苏联于新中国成立第二天,即1949年10月2日发表声明与原国民党政府断绝外交关系,并来电表示愿意与中华人民共和国建立外交关系,互派大使。周恩来总理兼外交部长亲自起草电文,于次日复电,感谢苏联政府第一个承认中华人民共和国,热忱欢迎立即建立中国与苏联的外交关系,并互派大使。

轶事之二:苏联大使为赶时间星夜兼程

苏联方面因得知"英国可能迅速承认"新中国,"故苏大使为获得第一个呈递国书地位,必得最快赶来"。于是,第一任苏联驻中国大使罗申迅即于10月4日启程,星夜赶往北京。中间乘坐飞机、汽车、火车不停辗转,终于8日到达哈尔滨,10日到达北京就任,并于10月16日向毛泽东主席递交了国书,速度之快超出当时领导人的想象。

外交部解密档案中有一份时任哈尔滨外侨事务处副处长杨佐青1949年10月

11日关于罗申来华情况的报告,此报告详细地描述了苏联驻中国第一任大使罗申来华的过程,并针对其中的问题对外交部提出了很有见地的建议,很具有说服力,其内容如下:

一、罗申大使旅程表:
十月四日由莫斯科乘飞机动身来华
五日至赤塔换乘火车
七日七时抵满洲里
十时抵中苏边境爱府泡小站
十四时乘汽车过境,乘专车出发
八日十八时抵哈尔滨
九日零时由哈出发
十五时抵沈阳
十七时由沈出发
十日十三时四十五分过津
十日十六时十八分抵京

二、旅程招待与欢迎情况:
(一)入境后由我派专车一列供用,包括一公务车(花车),一警卫车,二机车。
(二)哈尔滨外事处副处长代表哈尔滨市长与苏驻哈副领事阔什了夫迎至过境。
(三)到哈尔滨时,哈市姚市长,松江省主席等到车站迎接,在哈市开晚会欢迎,派警卫队两班护送。
(四)到沈阳时,市府学校等机关在站迎接,派市府秘书长周秋野伴送来京,换警卫人员继续护送。
(五)到天津时,市长、外事处处长在站迎接。
(六)抵京时,周部长等就在车站迎接。

三、旅程所出问题:
(一)哈沈段,所派警卫人员任务未交代清楚,因吃饭问题,警卫人员班长不听命令自己向苏副领事谈,要饭吃,极失礼。
(二)在沈阳因翻译人员卢竞如将出发时间十七时(即下午五时)误为下午七时,陪送人员均下车为大使购食物用品,到开车时间未能赶回,而苏联站长到时即下令开车,故由沈开出时没有一个陪送人员在车上,他们买物回来才乘一机车追上,亦失礼一次。曾向罗申大使道歉。
(三)在天津,《进步日报》记者不听劝阻上车见罗申大使。

四、罗申大使旅程谈话与意见：

（一）对交通认为（a）满洲里与哈尔滨之两座桥梁，我们注意不够好，若坏了，将极影响货运。（b）满洲里站货物堆积太挤，应速设法。

（二）对我边境外交机关，建议苏在满洲里设一外交代表，专处理迎接外国外交使节，并应有与外交部直接通讯交通。外国使节来，我外交部应派人迎至边境，迎接人一定要带英俄秘书。

（三）此次如此迅速来华原因，罗大使说：因在莫斯科，由英驻苏大使处获知英国可能迅速承认我们，而英国又在华有大使馆驻留，故苏大使为获得第一个呈递国书地位，必得最快赶来。

（四）现在赤塔有新民主主义国家记者九人及法记者二人，准备来华，不知我们如何处置，新民主主义国家记者，他认为尚可了解，法记者就无从了解。

五、哈外事处建议：

（一）速在东北设外交部代表机关，或指定何机关代理。

（二）速派外事人员（英俄人才）赴东北。

（三）外交部应有外交礼节指示给各地。

轶事之三：迎接苏大使等于迎接国家元首

在迎接使节时，两国对到任大使都给予了破格的接待，举行了隆重的典礼，凸显了当时中苏关系的密切与友谊。对王稼祥大使的迎接，外界反应是"破例的隆重"，"实为空前未有的盛典"。苏联有关人士表示"中国这样的国家，实为破例欢迎"，并表示中方"欢迎罗申大使的礼节过于隆重，等于迎接外国元首"。刚刚诞生的新中国，急需广泛的国际承认，作为联合国安理会常任理事国的苏联率先与之建交，无疑是对新中国的极大支持。在当年两个阵营对垒的世界格局中，中苏两国的相互支持和密切关系是可以理解的。

当时外交部档案详细记载了迎接苏联大使的仪式及参加人员名单，并附有车站布置与秩序图。档案中关于仪式记载有七条：1. 车站布置在第一月台待客室，门首悬挂中苏两国国旗及中俄标语——热忱欢迎罗申大使，中苏友好万岁。2. 大使专车进站时，军乐队奏迎宾曲。3. 大使及随员下车时，宾主肃立奏两国国歌（先奏苏联国歌后奏我国国歌）。4. 由齐赫文代办介绍李副部长、聂市长以及参加迎接官员，与大使及随员一一握手为礼。5. 大使及随员登车（汽车就在月台上）时，军乐队奏乐。6. 大使汽车出站台，行经车站广场时，人民团体（工人学生妇女）群众鼓掌欢呼（大使在车中表示谢意，不必下车）。7. 交际处长陪送至大使官邸。参加人员：我方参加人员：1. 外交部副部长李克农，驻苏大使王稼祥，北京市市长聂荣臻，外交部办公厅主任王炳南，副主任阎宝航（暂兼交际处长），翻译、记者、摄影师。2. 广场欢迎群众（约3 000人）。苏方欢迎大使之人员：使领馆14人（名单另开送来），苏侨40人。并且为了显示隆重和热情，更为了体现中苏关系的亲密，当时任总理兼外交部长的周恩来亲自前往前门火车站迎接罗申大使，档案中有照片为证。事后苏联外（交）部副司长向戈宝权表示："你们欢迎罗申大使的礼节过于隆重，等于迎接国家元首。"

外交部的解密档案中对1949年10月16日苏联驻华大使递交国书的议事程序安排记载也非常详细，并附有苏联大使呈递国书典礼参礼人员名单位置图和苏联大使呈递国书典礼摄影位置图。档案记载苏联大使呈递国书仪式程序：

日期时间：十月十六日下午五时
地点：勤政殿
一、按照约定时间由外交部交际处处长乘礼车赴大使馆迎接。
二、大使在勤政殿门前下车，由外交部办公厅主任迎接，仪仗队致敬，军乐队奏乐。
三、外交部长在勤政殿外会客室前迎候，由齐赫文参赞介绍随员与部长相见。
四、呈递国书（在正厅礼堂）：
1. 主席及参礼官就位。
2. 交际处长引导大使及随员就位。
3. 大使向主席行一鞠躬礼，主席答礼，大使前进向主席呈递国书。
4. 主席接国书，交外交部长，转外交部办公厅主任。
5. 大使致词（译中文）。
6. 主席致答辞（译俄文）。
7. 主席与大使握手，大使引见官员。
8. 摄影。
五、外交部长陪同大使及参赞一人随主席到主席办公室作简单谈话后，主席送大使至办公室门口，然后由部长随同大使到勤政殿内会客室与同来的大使馆官员进酒点。
六、大使告辞，外交部长送至勤政殿外厅。
七、外交部办公厅主任送至勤政殿门前，仪仗队致敬，军乐队奏乐。
八、外交部交际处长陪送至大使馆。

1949年10月17日《人民日报》也报道了许诚的署名文章《记罗申大使呈递国书》：

罗申大使穿着一身藏青色的崭新的外交礼服,挂满在他的左胸前的灿烂耀目的勋章、纪念章,在水银灯下闪发着金色的光彩,他以热情的感动的心情,双手将莫斯科带来的苏维埃社会主义共和国联邦(盟)的国书呈递在毛主席的面前,毛主席亲手接过来交给站在右边的外交部周恩来部长。这时间是1949年10月16日下午5点整。

这是一个值得人们记忆的时刻。他让全世界爱好和平的人民知道,强大的苏联和我国之间亲密稳固的友谊,使世界的持久和平有了更可靠的保障;这个时刻让国内外愚蠢的敌人知道,他们除了继续用无聊的叫嚣和争吵来表示他们的恐惧和绝望以外,别的,他们是再也不会有什么办法了。

在这一个时刻中,中国的人民无限感谢伟大的友邦——苏联给我们崇高的友谊。当毛主席手中拿着苏联国书的时候,当毛主席和罗申大使紧紧握手之后,苏联大使馆的参赞、秘书、武官一一与毛主席握手,毛主席微笑着亲切地问着他们每一个人的身份、姓名的时候,金碧辉煌的会场上的各种灯光,照映着洋溢无限喜悦的毛主席的面孔,我看到了中国人民胜利的微笑。罗申大使今天带着苏联人民的意愿直接传达予中国人民之前,他的高兴代表着苏联人民的高兴。

在仪式完毕,进酒店的时候,外交部周恩来部长和苏联大使馆的朋友们几次尽情的干杯。他说:"祝两国人民,两国元首健康!"人们都站起来为他衷心的庆贺而干杯。在又一次,周外长说到"祝维辛斯基健康!祝葛罗米柯健康!"的时候,又是一阵碰杯的声音,欢洽非凡。罗申大使专门找到人民解放军代参谋总长聂荣臻将军碰杯,他说:"庆祝广州解放!""庆祝中国人民解放军大胜利!"大家都欢呼起来。中国人民斗争的胜利和保卫世界持久和平的事业是这样紧紧地结合在一起。

轶事之四:中国大使竟然没有护照

同样,由于时间紧迫,新中国派往苏联的首任大使王稼祥一行也是行色匆匆,并且王大使连护照都没有,因"护照不及赶办,暂发给证明书"过境,获苏方"准予外交护照待遇"的特别关照,一路受到盛情接待,"沿途均甚平安"。开创了国家间建交史上的一段奇闻。

档案中也详细记载了这段历史,让我们为当时社会主义大家庭内的那种兄弟亲情所感动。10月1日建立新中国,2日苏联政府就发表声明,表示断绝与国民政府外交关系,并召回外交代表。在外交部解密档案中,有一份10月2日21时45分时任苏联外交部副部长葛罗米柯致周恩来电报的译文,电报称苏联要与中国建立外交关系,并互派大使。随后一份3日周恩来致格(葛)罗米柯的电报表明,中国"热忱欢迎立即建立"外交关系,并互派大使。可见当时苏联给与外交援助的及时与中国需要外交承认的迫切。

外交部解密档案中有一份 10 月 4 日的《周恩来关于接管原国民党政府驻苏联使馆给戈宝权的指示》。指示任命戈宝权为新中国驻苏大使馆参赞并兼临时代办，负责保管和接收国民政府大使馆和领事馆事宜，等候新任大使和领事到达。10 月 5 日，档案记载戈宝权连向苏联政府发了两个照会——《戈宝权就任驻苏联使馆参事兼临时代办事致苏联外交部的照会》、《戈宝权关于接管原国民政府驻苏联使馆致苏联外交部的照会》。10 月 7 日档案里留存《戈宝权关于会见葛罗米柯等情况给外交部的汇报》（下简称《汇报》，编辑注），《汇报》详细记载了两人会见的情况，会见时间是下午 3 点，戈宝权略述了中国各界对中苏建交的反应并表示进一步巩固和增进两国友谊。葛罗米柯对接收工作表示关切，饬令第一远东司给予帮助，并请戈宝权代向周恩来敬礼。《汇报》还详细汇报了远东司的人员构成及其与中国的关系，总共有六人，其中两个一等文秘都在中国工作过，一个是克鲁吉科夫，档案中还译作克鲁杰科夫，曾在重庆、南京工作过，一个是哈林，曾任驻沪总领事，都是戈宝权的旧友，接洽很方便。

10 月 19 日，解密档案中的《中国外交部办公厅就王稼祥大使赴任事致苏联驻华使馆的照会》中介绍了中国大使的基本情况。本文节选部分以飨读者：

敬启者，王稼祥大使及随员一行十三人（内由苏联人二名——古早夫及阿洛夫同行）定于本月二十日下午五时由京出发，前赴莫斯科，惟因护照不及赶办，暂发给证明书，以便迅速成行。用特函请电达贵国政府分饬沿途关卡查照，准予以外交护照待遇为感。

专此顺送

公祺　此致

苏联大使馆

附上名单

外交部办公厅

主　任　王炳南

副主任　阎宝航

一九四九年十月十九日

为表示重视，毛泽东在 10 月 20 日还专门给斯大林写信，介绍王稼祥的任务和恳请苏联同志给予指导。可见当时两党和两国关系的亲密和友谊的深厚。外交部有这封信的存档：

斯大林同志：

兹介绍王稼祥同志给你。王稼祥同志到苏联的任务，除担任我国驻苏大使、并以我国外交部副部长资格监管对东欧各新民主国家的一般的外交事务外，同时以中共中央代表的资格（他是我党的中央委员），和你及联共中央接洽有关两党之间的事务。请你及联共中央同志们站在同志的立场上随时对他给以指导，使他的工作获得较多和较好的成就。我在这里预先向你表示谢意。

致以同志的敬礼！

毛泽东
一九四九年十月二十日于北京

我们再看王稼祥沿途情况和递交国书前后的汇报。档案记录显示，10月31日有一份《王稼祥抵达莫斯科后的情况报告》。报告称："我等一行人于二十三日下午二点半抵苏联境奥特波尔站，赤塔州主席及苏外（交）部驻塔外交特派员均前来迎接，并在车站餐厅举行一小规模之宴会，此后即乘专车转赤塔西行，沿途均甚平安，今晨七点二十分抵莫，宝权同志先等车并介绍与欢迎者相见，计来车站迎接者：苏方有副部长葛罗米柯，莫斯科苏维埃主席波波夫，莫斯科军区司令阿尔杰米耶夫上将，莫斯科卫成司令辛尼格夫中将，苏武力部对外联络处主任斯拉文，苏外（交）部第一远东司副司长库尔久科夫，帮办谢斯杰尼科夫，一等秘书卡比错，外（交）部交际司副司长玛特威耶崖等人；外国使团中有朝鲜大使朱宁河及全体馆员，蒙古公使伊丹若波及全体馆员，匈牙利大使索拜捆，罗马尼亚大使布吉奇，捷克公使衔参事施泰芳，波兰代办商布罗维奇，保加利亚代办蔡尔伍兰诺夫及阿尔及利亚代办玛里列等人。抵使馆后即举行升旗典礼并会餐。"可见苏联对中国大使的迎接是非常隆重的，显示出对中国的重视。

轶事之五：递交国书谈话达二十五分钟之久

11月3日，王稼祥大使向苏联递交国书，同一天外交档案记载《王稼祥递交国书情况报告》：（一）十一月三日十三点递交国书……一切均如礼完成，未发生不妥之事，事后深得交际司副司长好评。（二）递交国书与主席谈话，一般为数分钟，此次亲密的延长到二十五分钟（照外交习惯，谈话长短表示亲疏）。从沿途及到莫后的情况，到国内的经济、文化、工人状况，土改后的农村状况等，一一分别问及。（三）苏联迎接大使，按其正规礼节，只有交际司司长到站，但这次迎接我国大使，却破例的隆重。捷克驻苏大使馆参事施泰芳告戈说："他在莫斯科四年，第一次见到如此隆重之礼节，此次参加者除葛罗米柯外，尚有莫斯科苏维埃主席及军事要员。外国使团中,凡与我缔结外交关系国家或有大使或由代办到站欢迎,此视为空前未有之盛典。"苏交际司副司长很友谊地向我们解释:"诚然这是破例,但是中国这样的国家,实应破例欢迎。"

随后 11 月 14 日的解密档案记载了《王稼祥递交国书情况续报》,详细叙述了当时递交国书过程。本文摘其大端以飨读者:

我于三十一日晨抵此,翌日下午即拜访苏外(交)部副部长葛罗米柯,商谈关于递呈国书的事宜,并将国书副本,我的祝词,以及参加呈递国书典礼人员名单当面交去。二日晚苏外(交)部交际司来电话通知,递呈国书典礼于三日正午一点举行。当即驱车至苏外(交)部拜访交际司副司长布舒耶夫及该司参事马特维耶夫,询问递呈国书时的各项礼节。三日午十二点半,苏外(交)部苏联最高苏维埃主席的汽车来接,我与交际司副司长布舒耶夫同乘一车,曾、徐、戈三参事,边武官及张秘书同乘使馆之车前往克里姆林宫。当车抵克里姆林宫的鲍洛维兹基门时,克里姆林宫的卫戍司令官来车前行军礼迎接,然后再乘上自己小汽车引导前进。及抵苏联政府大厦门前时,政府大厦的卫戍司令官来车前迎接,与个人握手致敬后,我即与该卫戍司令官及交际司副司长布舒耶夫乘电梯至三楼,其他个人则循扶梯而上。此时个人俱在更衣室脱去大衣,由苏联外(交)部交际司帮办巴斯托耶夫及辄尔斯土耶夫迎接,引导入主席办公室。走入办公室后,苏外(交)部交际司副司长布舒耶夫先介绍我与办公室主任库斯尼卓夫相见,再介绍与苏外(交)部远东司副司长库尔久科夫及该司帮办谢斯杰尼科夫等人相见。相互寒(暄)后,库斯尼卓夫即走进苏联最高苏维埃主席室,向史(什)维尔尼克报告。瞬息,接见外国使节,厅房之门则开,史(什)维尔尼克之于该厅房的另一端,……答词完备后,史(什)维尔尼克介绍我与拉甫伦杰耶夫及高尔金两人相见,我则介绍曾、徐、戈三参事,边武官、张秘书与彼等相见。此后,史(什)维尔尼克邀请我至其办公室作私人谈话,参加者为拉甫伦杰耶夫,曾参事及边等人,其他人均留在举行典礼之厅房中与苏外(交)部人员谈话及照像。私人谈话完备,即之厅房拍全体像,此后即相继告别退出。计自进取至典礼完毕,共历时三十五分钟。

外交部档案里还附有王稼祥 11 月 8 日向外交部呈报告的递国书时与什维尔尼克谈话内容,此谈话为回忆稿,翻译为时任驻苏联大使馆公使衔参赞曾涌泉。其内容如下:

什:来时沿途平安吗?

王:沿途很好,十分感谢。

什：到莫后安置得怎样？

王：已大致安置了，惟工作伊始，还未完全就绪。

什：自然不能一下完全就绪。

什：贵国中央政府成立后，地方政府组织得怎样？

王：在老解放区地方政府早已成立，在新解放区目前暂时实行军管。

什：国家接收了的企业是否已经开工？

王：在东北、平津、上海，国家接收了的企业大部分都已开工。

什：解放后的工人情绪及其生产情绪积极性如何？

王：解放后的工人情绪都很好，生产积极性大多提高，且参加生产管理，我们的职工会，普遍的组织起来了，且其职权也较大。

什：从工人中提拔领导干部的工作进行的怎样？

王：正在开始进行，已开始提拔了一些优秀的工人到领导岗位上。

什：你们的粮食怎样？有无困难？粮食积蓄得如何？

王：我们的粮食目前尚无大的困难，但物价不稳定是一大困难。由于农民积极缴纳公粮及国家有计划的收买粮食，尚能敷用，并能于物价波动时推出以平定之，但大量储蓄还没有。

什：土改后的一般农民土地多少？

王：东北华北老解放区及黄河以北一万万二千万人口已实行了土改，新解放区鉴于过去老解放区土改的经验，暂时还不实行土改。已实行土改的地区农民所得的土地数量，因各地区土地和人口之多少不同各不一样。如东北土地较多，华北较东北较少，长江以南地区则人多地少将来土改每人所得土地应更少。

什：他们的文化教育现在怎样？

王：大学的教育在报纸上已登处，中学小学在推进中，惟现尚在战时发展尚受限制。另外在民间也进行群众中文化教育工作。如识字班墙报，文工团等。他们对中国文字改造颇感兴趣。

什：最后，祝大使工作取得成就。

61年前，新中国对外部世界充满了好奇与憧憬，尤其对社会主义老大哥苏联满怀仰慕。随着岁月的流逝，中苏间那段兄弟加友谊的感情，让更多人唏嘘和感叹。可以说，在一定程度上，苏联对新中国在外交上给予了难得的国际信任和友谊，在当时看来，这些帮助的重要性要远远大于物质方面的援助和支持。

新中国第一次参加奥运会纪事

唐 军

芬兰长跑名将汉·科勒赫迈宁点燃
第 15 届奥运会主火炬

1952年7月29日中午,芬兰首都赫尔辛基市郊区,一处名为欧塔尼梅的村庄里,伴随着雄壮的《义勇军进行曲》,一面鲜艳的五星红旗缓缓升起。原来这里是奥运村,参加第15届奥运会的中华人民共和国代表团正在举行开团升旗仪式。在场的数百名其他国家和地区的运动员、记者,与中国代表团团员们一起见证了这一庄严时刻——新中国的国旗第一次飘扬在奥运会上。他们中的许多人好奇地关注着中国代表团的一举一动——本届奥运会从7月19日下午1点开幕,至此已过去了10天,赛程进行了大半,为什么中国代表团才匆匆赶到?外交解密档案为您真实生动地揭示了这其中的曲直周折。

芬兰获得奥运会举办权,邀请新中国参加

1947年6月,芬兰赫尔辛基获得第15届奥运会主办权。

举办权到手后,芬兰举国上下马上行动起来,以赫尔辛基市副市长佛伦凯为主席的组委会开始了精心的筹备,在全球范围内广泛开展宣传和积极的外交活动,希望能有更多的国家和地区的代表队来芬兰。

1951年2月15日,芬兰首任驻华公使瓦尔万尼到北京上任并拜会我外交部副

1952 年 7 月 29 日，五星红旗第一次在奥林匹克会场升起

部长章汉夫，此前他刚从印度新德里赶到北京（瓦系芬兰驻印度公使兼驻华公使——编者注），行前他接到国内指示：到京后尽快探询新中国出席芬兰奥运会的可能性。

由于目的明确，两人的谈话很快便由寒暄转到了体育：

章：（芬兰）天气比此地冷吧？

瓦：冷一些。

章：冬天的体育，如滑雪等等的，一定很多吧？

瓦：是的，在芬兰人人都会滑雪，也有溜冰，看过这里也有溜冰，最初感到很惊奇，芬兰还有冰上打球。芬兰是爱好运动的国家，在奥林匹克运动会中得奖牌最多（档案原文如此——编者注）。运动会明年将在芬兰赫尔辛基举行，不知中国会派代表团去参加否？我们很希望各国都能派选手去，苏联从来没有派人参加过，但明年也将参加。

章：参加运动的学生多呢，还是职员和其他人多呢？

瓦：各种人都有，学生、工人、农民，田赛农民参加的最多。

章：工、农在人口中所占百分比多少？

瓦：农民占百分之五十五。副部长刚才不曾回答，中国是否派选手参加？我对这点很感兴趣。

章：有关机关还没有考虑。

瓦：希望可以很快考虑。

……

从外交解密档案的记录中可以看出,瓦尔万尼对章汉夫副部长的回答显然颇感失落,于是加重语气再次强调：

因为明年我们是主人,很希望全世界都去参加。如中国不参加,将引为憾事,刚才已说过并不牵涉政治问题。

公使先生以为事情并不复杂,但新中国首次参加奥运会恰恰因为政治问题而一波三折……

外交部很快将芬方的意思转告中华全国体育总会筹备委员会。

中华全国体育总会是群众性的体育组织。1949年,共青团中央(当时叫青年团)受中央和政务院委托召开"全国体育工作者大会",推选了108人组成"中华全国体育总会筹备委员会",团中央书记处书记冯文彬兼任主任,负责具体工作。1952年6月20日至24日,中华全国体育总会在北京举行成立大会。毛泽东主席为大会题词："发展体育运动　增强人民体质。"大会选举朱德为体总名誉主席,选举教育部部长马叙伦兼任主席,体总改由教育部领导。7月,根据周恩来总理的指示,体总对外以中华全国体育总会(中国奥林匹克委员会)的名义办公。1979年,体总和中国奥委会分立,这是后话了。

解密档案披露,体总(筹)就此回复外交部：

本会对该组织(指国际奥委会——编者注)的宗旨、机构及活动情况以及此次苏联参加该会的态度等完全不清楚,故需待以上情况了解后,方可最后决定参加与否。你部(外交部——编者注)如有奥林匹克运动会的组织章程及其他有关材料,希给本会一份。

外交部遂请耿飚大使(耿系驻瑞典大使兼驻芬兰公使)协助向芬兰奥委会索取有关材料,并了解苏联对参加奥运会的态度。

耿飚大使很快报回了有关材料,并告：

去年五月国际委员会于哥本哈根会议,决定十五届世运会(此处指奥运会,并非世界运动会World Games的简称——编者注)日期为1952年7月19日至8月3日,节目大致如同48年伦敦世运会,唯艺术竞赛改为艺术展览。

另悉波兰拟参加明年之世运会,匈牙利未定,苏二等秘书马楚克称:苏已参加委员会(不知是国际奥林匹克委员会或其执委会)。彼相信苏将参加世运会。

在这份报告中,耿飚大使还对新中国是否参加芬兰奥运会提出了自己的意见:

我认为如对国际奥林匹克委员会或其执委会委员席位问题不必予以考虑的话,则可参加十五届世运会,以扩大我国际影响,尤其是艺术展览作用更大。

当时新中国刚刚成立,一切百废待兴,参加奥运会的事还未来得及摆上议事日程。

对于芬兰方面的建议,体总最初的意见是不参加奥运会的体育比赛,只派团参加奥运会的艺术展览,以弘扬中华文明,扩大新中国的影响。

1952年1月,苏联驻华大使罗申告知中方:苏联将组团参加芬兰奥运会,建议中国也派选手参加。苏联的意见起了关键作用,体总开始积极准备参加奥运会事宜。

2月5日,中华全国体育总会致电国际奥委会,申明新中国对参加国际奥委会及奥运会的态度:

国际奥林匹克委员会秘书处:

中华全国体育总会根据中国在过去参加历届奥林匹克大会的关系,决定仍继续参加国际奥林匹克大会的组织,并决定参加今年七月间在赫尔辛基举行的国际奥林匹克运动大会。我们现在通知贵会:中华全国体育总会是代表中华人民共和国的唯一体育组织,任何其他团体,包括台湾中国国民党反动集团的体育代表在内,不能作为中国的任何合法代表,亦不能容许其参加此届奥林匹克运动大会及其有关的会议。现闻贵会将在二月十五日在奥斯陆举行奥林匹克会议,我们准备参加,请即将该会议程及须要我们参加会议之人员数目通知我们,实为至盼。

中华全国体育总会
一九五二年二月五日于北京

国际奥委会态度暧昧,引起我方强烈反弹

2月12日,国内指示:请驻瑞典使馆二秘盛之白作为体总代表出席在奥斯陆举行的国际奥委会会议。

接到任务,盛之白连夜出发乘车赶往奥斯陆。同解放初期外交部的许多干部

一样,盛之白来自部队,但他显得文质彬彬,倒更像位学者。

2月13日清晨,盛之白抵达奥斯陆,先后拜会了苏联国际奥委会委员安德烈雅诺夫、佛伦凯和国际奥委会官员。安德烈雅诺夫告诉他,关于邀请新中国参加奥运会的提案已由佛伦凯提出并交大会讨论。苏联和保加利亚代表决定在13日下午及14日上午的会议上,将驱逐台湾代表代之以中华人民共和国代表的问题列入议程。盛之白联系大会秘书处时被告知:由于中国还不是国际奥委会成员,他不能参加会议。于是,盛之白将原本计划在会上的发言印成书面材料,请安德烈雅诺夫带到会上,于14日晚上分发给与会代表。发言稿并不长:

主席、各位委员:

我奉中国全国世运委员会(即中华全国体育总会)之请,代表该会向国际奥林匹克委员会发表演讲如下:

过去历届的国际奥林匹克委员会和大会,我们中国都有代表参加和选手参加,这一事实,说明了我们中国体育界和国际奥林匹克组织之间的历史性的联系。

中国全国世运委员会系由各种业余体育团体的代表组成。两年以来,全国省市以上所举行的大规模运动会有四百余次,参加的运动员有七十余万人。全国世运委员会所编辑的《新体育》杂志,每期发行三万余份。编辑出版的体育书籍共六十九种,其中十七种即发四十余万册。这些事实说明了只有中国世运委员会是代表中华人民共和国的唯一体育组织,任何其他团体或代表,包括台湾反动集团的体育团体和代表在内,都不能作为中国的任何合法代表的事实也十分明显。那么,只有中国全国世运委员会才有资格参加奥林匹克组织,其他任何团体或代表一律没有资格参加,也是十分当然而明显的事。

鉴于以上理由,中国全国世运委员会决定向国际奥林匹克委员会声明,我们继续参加奥林匹克组织,现在会址在北京,一切来往函件请直寄该处,我们并已准备选派代表队出席今年七月在赫尔辛基举行的本届奥林匹克运动大会。

15日的大会经过长时间的讨论,无法达成一致意见,遂决定,将新中国参加国际奥委会一事,"移交国际奥委会执委会调查解决,并限定执委会于6月1日前将解决情况通知芬兰奥组委,以便于国际奥委会承认时,即发出请帖"。

按组委会规定,6月5日是奥运会报名的最后截止日期,但6月3日体总仍没有收到国际奥委会的答复。

6月4日,冯文彬及国际奥委会中国委员董守义联名致电国际奥委会,告知新中国将报名参加芬兰奥运会的事宜。

董守义是国际奥委会当时仅存的中国籍委员。国际奥委会原有三名中国籍委员,解放后,另两位委员王正廷、孔祥熙,一个去了香港,一个去了美国,只有董守义留在大陆,任教甘肃。此前,5月26日,根据周总理指示,他刚从兰州赶到北京参与到联络国际奥委会的有关工作中。

董守义经历丰富,他早年毕业于北京通州协和书院。学生时代爱好体育,尤其酷爱篮球运动。1923年,担任天津青年会体育干事,同时兼任南开中学体育教练员,训练出了当时闻名全国的"南开五虎"篮球队。同年赴美国斯普林菲尔德学院体育系学习。1925年回国后任天津青年会体育部主任。1936年以篮球队教练身份参加第11届奥运会。1947年被选为国际奥林匹克委员会委员。1948年任中国参加第14届奥运会代表团总干事。

董守义的到来,对体总参加奥运会的准备工作帮助很大。

6月16日,芬兰奥组委转来国际奥委会的有关决议:

北京的新的体育团体现在要求代替上述组织来代表中国的体育运动。这些新的团体似乎包括百分之九十五以上的中国青年。国际奥林匹克委员会希望中国青年参加奥林匹克运动会。但是,目前国际奥林匹克委员会的基本组织和规章不允许这样参加。目前,台湾和北京的两个中国团体都不能参加本届赫尔辛基奥林匹克运动会。

6月17日,体总又收到国际奥委会主席艾德斯特隆本人的电报:

任何中国运动员不得参加赫尔辛基奥林匹克运动会。你们的奥林匹克委员会尚未获承认。去赫尔辛基是徒劳的。

7月5日,体总秘书长荣高棠和董守义分别致电艾德斯特隆,抗议奥委会无理拒绝中华人民共和国运动员参加第15届奥林匹克运动会。

荣高棠在声明中指出:

艾德斯特隆在六月十七日来电所称中华全国体育总会尚未被国际奥林匹克委员会所承认,中国运动员不得参加赫尔辛基奥林匹克运动会,是完全没有理由的。中华全国体育总会是中华人民共和国唯一的全国性业余体育组织,充分具有参加包括奥林匹克运动会在内的一切国际体育活动的权利。中华全国体育总会是由国际奥林匹克委员会承认的中华全国体育协进会改组而成的,任何人不得无理阻挠我们参加第十五届奥林匹克运动会。

董守义在声明中重复了此意见。

7月8日,艾德斯特隆回电:

你们7月5日电已在此收悉。国际奥委会已决定由于中国问题的混乱,在困难解决之前,任何运动员不得参加比赛。

由于中国政府的交涉,并在许多国际友好人士的呼吁下,国际奥委会决定7月17日在赫尔辛基召开的第47届奥委会全体会议上,继续讨论中国在国际奥委会的会员资格问题。

这次,国内指示盛之白:以董守义的私人代表身份出席会议。7月16日,盛之白接到佛伦凯的通知,请他17日上午10点列席奥委会会议并发言。

17日,盛之白在会上进行了5分钟的发言,代表拥有五亿人口的新中国向国际奥委会发出了严正要求:

……

我现在向国际奥委会坚决要求:一、立即驱逐台湾国民党反动残余集团的体育组织与孔祥熙、王正廷,二、继续承认中国体总,并邀请中国体总的选手队参加本届运动大会。为了维护国际奥委会的尊严,我相信所有的公正人士将会支持我的声明。

正义的力量是不可抗拒的,在众多国际朋友的支持和声援下,7月17日,国际奥委会做出决定:本次会议对中华人民共和国的会籍问题不做决定,邀请中国代表团参加第15届奥运会。但国际奥委会同时也邀请台湾方面的运动员出席。

7月18日,即奥运会开幕前一天,芬兰奥组委向体总发出了参加奥运会的邀请,全文如下:

北京中华全国体育总会:

根据国际奥林匹克委员会7月17日会议,我们很荣幸邀请中华全国体育总会运动员参加赫尔辛基第十五届奥林匹克运动会。

筹备委员会主席
伊利克·冯·佛伦凯

体总经研究认为:国际奥委会的邀请电只讲邀请我们参加,未提到台湾,因此我们应当参加。7月19日,经请示周恩来总理批准同意。

体总马上行动起来,中国参加奥运会40人代表团很快组成——

总领队:荣高棠(体总副主席兼秘书长)

副总领队:黄中(体总副秘书长)、吴学谦(体总联络处处长,团中央联络部副部长)、盛之白

总指导:董守义

干事:郝克强

篮球队:指导:牟作云,队员:张长禄、周宝恩、陈文彬、卢鼎厚、王元祺、李议亭、程世春、田福海、张先烈、白金申

足球队:指导:李凤楼,队员马韶华、王政文、王礼宾、何家统、丛安庆、李逢春、陈成达、张杰、李朝贵、方纫秋、孙福成、郭鸿宾、金龙湖、郑德耀、张邦伦

游泳选手:吴传玉

翻译:程镇球、王裕禄、何振梁、康维

总务:许庆善

医生:刘明时

迟到的赴会

7月25日凌晨,中国参加第15届奥运会的体育代表团,从首都西郊机场乘飞机赶赴赛场。

据时任代表团干事的郝克强回忆:临行前夕,24日深夜,周恩来总理在中南海接见了代表团领导,关切地询问了准备情况,并特别说明了新中国参加奥运会的意义。他指出:重要的不在于是否取得奖牌,此去把五星红旗插到奥运会就是胜利。正式比赛赶不上,可多与芬兰的运动员进行比赛,积极参加友好活动。

7月27日下午,代表团一行到达莫斯科。

当时的交通没有今天这样便捷,即使是乘坐飞机,也要三天的时间才能到莫斯科:第一天是从北京飞苏联的伊尔库茨克,行程约2 400公里;第二天到苏联的鄂木斯克,行程2 100公里;第三天抵达莫斯科,行程2 500公里。

1950年3月27日,中国政府和苏联政府签订了关于创办中苏民用航空股份公司的协定,苏联协助中国组织与经营北京至苏联赤塔、北京经蒙古乌兰巴托至苏联的伊尔库茨克、北京至苏联的阿拉木图三条航线。公司于7月1日正式成立,8月1日三条航线正式开通。执行飞行任务的是伊尔14型小型飞机。自此,从北京可乘飞机前往苏联的上述三个城市,而且通过北京至伊尔库茨克航线,可衔接苏联民

航经营的航线到达莫斯科以及其他东欧国家。

在莫斯科,代表团受到当时苏联体委的热情欢迎。停留了一天,29日清晨,代表团便又乘飞机赶赴芬兰。

29日上午11点,在本届奥运会已进行了10天之后,中国代表团终于到达目的地。带着周总理"把五星红旗插到奥运会就是胜利"的嘱托,代表团马不停蹄驱车赶往奥运村——欧塔尼梅村住地。来到奥运村,大家顾不上休息,迅速跑到广场集合。12点半升旗仪式正式开始。

升旗仪式上的新中国体育代表团

代表新中国和五亿中国人民的五星红旗,终于在奥运村上空冉冉升起。

升旗结束,荣高棠发表了热情洋溢的讲话:

虽然我们来迟了,但我们终究来到了,我们带来的是和平的愿望与良好的友情,我们将与各国运动员会见,我们深信这种会见将增强新中国运动员与各国运动员们之间的相互了解与友谊。

成功的奥运会,成功的参会

代表团到达的时候,奥运会各项赛事已接近尾声,只有游泳比赛刚开始进行预赛。7月30日上午,吴传玉参加了一百米仰泳的预赛,被分在第7组。由于旅途劳累,加之当时芬兰正值北极白夜时节,赫尔辛基半夜12点天才黑,凌晨两三点钟天又放亮,吴传玉没有睡好觉,虽竭尽全力,游出了1分12秒3的成绩,但仅名列小组第五,未能进入决赛(每组取前三名)。

芬兰奥组委很友好,特意安排没赶上正式比赛的中国足球队和篮球队在8月4日与芬兰的全国冠军队分别进行了一场比赛,结果中国足球队以0比4落败;稍后进行的篮球比赛,中国队也告负。

在赫尔辛基,中国体育代表团与各国朋友进行了广泛的接触,并举行了招待会。

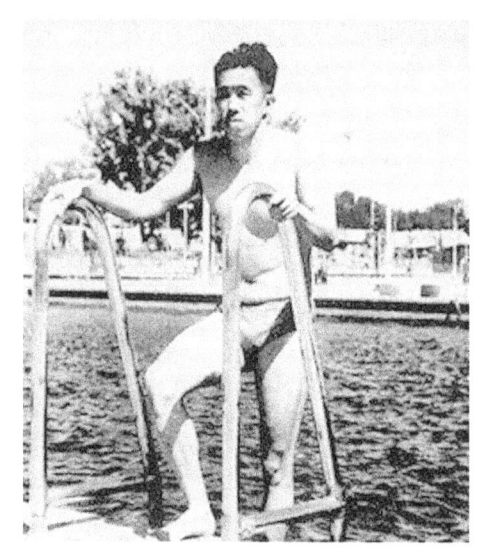

新中国第一个参加奥运游泳比赛的运动员吴传玉

8月3日晚上7点,中国代表团与其他国家的代表团一起参加了大会的闭幕式。仪式很简单,每个国家的两名旗手举本国国旗绕场一周。中国代表团的旗手为篮球运动员张长禄、周宝恩。首先出场的是希腊队,然后其他国家按照国名的芬兰字母顺序依次出场,中国队第35个出场,正好走在整个行进队伍的中间,最后出场的是东道主芬兰队。全部队伍走完后,各支队伍站在主席台前排成半圆形,由芬兰、苏联、中国、美国等国选手代表各国运动员上台发言。代表中国队的是篮球运动员陈文彬。他代表中国人民向芬兰人民和芬兰运动员致以热诚的敬礼。他说,中国运动员愿意和所有国家的运动员加强友好联系,从而帮助促进国际友谊和建立稳固的和平。最后出场的捷克斯洛伐克选手发言结束,熊熊燃烧的奥林匹克火炬缓缓熄灭,第15届奥运会在芬兰国歌声中闭幕。

这次奥运会是新中国参加的第一次奥运会,一路上代表团受到热烈欢迎和热情接待,新旧对比,使代表团中在旧中国有着痛苦经历的运动员、体育工作者感触颇深,董守义的话代表了大家的心声,这份讲话原文也被完整地保存在了外交部档案馆:

我是参加第十五届国际奥林匹克运动会的中国体育代表团的团员之一,我感到很荣幸!在国民党反动统治时期,我虽然曾参加过几次国际运动会,但是只有这次是我有生以来最愉快、最光荣的一次。在派遣代表(领队、指导、选手)的问题上,过去往往发生闹意见、搞宗派、明争暗斗的现象,弄得笑话百出。到了大会,因为我们是半殖民地的国家,常为资本主义国家所鄙视。由于旧中国国际地位的低落,运动成绩的较差,经费的支绌,因此代表团的人员处处感觉自卑,抬不起头来。参加十四届国际奥林匹克运动会时,代表团被困在英国,反动政府不仅不愿接济,而且驻英"大使馆"、"中国银行"甚至拒绝借给返国路费。代表团没有办法,只好自己活动,向外借款,而"大使馆"、"中国银行"却又不肯作保;不得已,才向华侨和外国人募集旅费,始行返国。回忆起来这是多么伤心、多么丢脸的一件事!

……

差距和反思

苏联同中华人民共和国一样,也是第一次参加奥运会,但苏方取得了优异成绩,这对代表团震动很大。在回国途经莫斯科时,代表团领导特意考察了苏联的体育工作。回国后,荣高棠代表全团向中央提出加强政府对体育工作的领导,促进高水平竞技体育发展的建议,外交部档案馆珍藏了这份可谓开启新中国体育制度架构的报告:

第一,应加强我国体育运动的领导工作。今后要加强开展体育运动必须首先加强这一工作的领导机构。

……

我们建议:在政务院下设一个全国体育运动事务委员会,最好请像贺龙同志那样的将军任主席,另调二三位相当于副部长的专职干部任副主席,此外还可有二三位兼职副主席,下设各司处。

第二,为了训练大批体育干部及各项运动的优秀运动员,建议中央体育学院扩大名额至三千人,从各地挑选年轻力壮身高而有培养前途的运动员集中训练。其他各地亦应有一定部门负责领导体育运动并定期开运动会,以造成群众性体育运动。在各师范学院及有条件之大学增设体育系科。

第三,建议聘请苏联体育专家五人来中国协助工作。

第四,建议明年在北京召开全国运动会(综合项目),以后每年开一次全国单项运动会(如足球、篮球、游泳、田径等),以便在全国范围内大力推动体育运动的开展,并在此基础上选拔人才,集中训练,准备参加一九五四年之亚洲运动会及一九五六年在墨尔本举行之第十六届奥林匹克运动会。中国自一九三二年参加奥林匹克运动会起一直没有得过分,如在新中国成立第七年(一九五六年)的下届运动会上再不得分,不但与我国家地位太不相称,在国际上影响不好,而且全国人民亦会不满。

第五，为适应目前全国人民对体育运动之需要，建议在各地酌量增设体育场地及体育设备，在北京应修建一大型的运动场。

……

后　　记

荣高棠的建议很快得到中央的批准，各项措施有条不紊地逐一落实。

1952年11月，中央人民政府委员会第19次会议决定成立"中央人民政府体育运动委员会"，任命贺龙同志为主任，在体总办事机构的基础上搭起了中央体委的架子，并于1954年改名为中华人民共和国体育运动委员会。

1954年5月，在希腊雅典举行的国际奥委会第49届会议上，中华全国体育总会被承认为中国奥委会，但国际奥委会同时保留了台湾的所谓"中华民国奥委会"，允许这两个奥委会分别使用"北京中国"、"台湾中国"的名称同时参加第16届奥运会。为强烈抗议国际奥委会分裂中国的做法，1958年8月5日，中国奥委会断绝了与国际奥委会的关系。

1979年11月26日，国际奥委会经全体委员表决，恢复了中国奥委会在国际奥委会中的合法地位。

1984年，第23届奥运会在美国洛杉矶举行，中华人民共和国体育代表团再次出现在奥运赛场，此时距离新中国第一次参加奥运会已过去32年。

中国援外医疗队印尼之行

亘 火 唐 军

1961年底,印度尼西亚内阁,一个绝密消息在暗中流传——苏加诺总统的身体健康状况严重恶化,已经影响到了执政。一般官员自然无法知晓内情,但内阁高官们的脸上,阴云密布,愁云惨淡。

苏加诺总统像

消息传播得很快,一时间,印度尼西亚国内各种各样的谣言不胫而走,甚至有人声称,总统将不久于人世……

事实是,苏加诺总统只是肾脏疾病加重,备受结石困扰——左侧肾脏内堆满了石头,从尿道里根本排不出来,严重影响了肾脏功能,曾经请过好几位西方国家的著名医生看过,并采用过"内部放炮"的方法治疗过,结果弄得输尿管流血水,而且始终不见什么疗效。总统医疗组里有位奥地利医生,他诊断,苏加诺这一侧的肾脏已经丧失功能,由于印度尼西亚国内医疗条件有限,建议他到维也纳进行手术切除。但苏加诺很不情愿在自己身上开刀,也不愿意前往维也纳治疗,宁愿采用保守的治疗方案,向中国方面发出求助……

2008年底,中国外交部对社会开放了1961年至1965年的部分外交档案,其中就包括了中方医疗队赴印度尼西亚为苏加诺总统治疗的相关档案。对这批已超过三十年保密期的档案,依据《中华人民共和国档案法》的规定,外交部事前组织了由高级专家和资深外交官组成的鉴定委员会,逐页逐行逐字地进行了严格鉴定,依照规定的解密程序报批后,向全社会开放,任何中国公民凭身份证就能查阅。

近日,在外交部档案馆,笔者查阅了记载这段"医疗外交"内幕的解密档案。

印度尼西亚的"独立之父"

苏加诺(1901—1970),出生于东爪哇苏腊巴亚的土著贵族家庭,父亲是小学教师。当时的印度尼西亚还在荷兰殖民统治之下,苏加诺青年时代就学期间就参加伊斯兰教联盟、爪哇青年会等组织的民族主义活动,从事爱国民主活动,反抗殖民统治。后曾两次被捕流放。二战中日本占领印度尼西亚,其投降后的1945年8月17日,苏加诺发表《独立宣言》,宣布印度尼西亚共和国成立,并当选为总统。荷兰殖民者重返印度尼西亚后,苏加诺又于1948年12月被逮捕,并被流放。直至1949年8月荷印(尼)圆桌会议承认印度尼西亚独立才得释放。同年12月苏加诺再次当选为印度尼西亚联邦共和国总统。

在外交部相关解密档案中,中方反复提到:那次的"外交医疗"具有深刻的政治背景。

20世纪40年代中期起,东南亚地区争取民族独立的起义暴动风起云涌。按照美国领导人的冷战思维,上述革命无一不是共产主义阵营输出革命的结果。为对付所谓的"共产主义威胁",美国不能不把印度尼西亚作为猎取的对象,其在

苏加诺总统抵达万隆准备出席会议

美国远东战略中的重要性,正如肯尼迪的国务卿腊斯克在阐释艾森豪威尔的"多米诺骨牌理论"时所说的:"如果东南亚的底部落入共产主义手里,我们对印度支那半岛承担的义务将会丧失殆尽。"美国这一时期对印度尼西亚政策的总原则就是:阻止印度尼西亚落入共产党手中或倒向共产主义阵营,为此不惜采取一切手段。

苏加诺奉行独立自主的外交政策,是反帝反殖的"不结盟运动"的发起人之一,坚决维护主权独立,不与美、苏集团中的任何一个结盟,对西方某些国家推行的霸权主义和强权政治进行了坚决的抵制。

但这并不影响苏加诺主动与社会主义国家友好交往——他主动邀请中国参加1955年的万隆会议。万隆会议是新中国第一次亮相洲际会议级别的国际外交舞台,在西方国家阴谋破坏阻挠的情形下,中国不但顺利参会,还发出了"求同存异,和平共处"的外交呼声,参会各国达成了"求同存异,团结合作、反帝反殖,维护独立"的共识。万隆会议后,亚非民族独立解放运动出现了新高潮。

当时的美国政府从不把民族主义当作一种力量,而是作为冷战的一部分来看待——认为民族主义、中立主义同共产主义并无多大区别。艾森豪威尔的国务卿约翰·杜勒斯就声称,中立主义只不过是通向共产主义道路上的一个阶段,并宣布它是"不道德的和目光短浅的概念"。据美方有关解密档案透露,在美国总统艾森豪威尔当政期间(1952—1960),其顾问认为,苏加诺采取中立和不结盟政策,倾向共产党阵营,挑战美国政策,使美在亚洲的利益受损。苏加诺对美方的态度也很清楚:"不结盟很容易被美国误解。美国只是在你加入它所选择的一方时才会喜欢你,如果你不完全与其行动一致,你便会被认为是加入了苏联一方。"

1956年5月,苏加诺访问美国寻求支持,收回仍然在荷兰殖民统治下的西伊里安岛以及要求经济援助,但没有得到美国方面任何回应;同年8月到10月,又先后访问了苏联、中国,对社会主义国家取得的建设成就有所了解,对社会主义阵营好感大增。

1957年2月,他宣布印度尼西亚不适合采用"西方议会制"的政体,主张实行"有领导的民主",提出"民族主义、宗教、共产主义三大思潮合作"的主张,扩大了共产党在印度尼西亚政治生活中的影响。这一时期,印度尼西亚举行的大选中,印度尼西亚共产党取得了四分之一选票,为此,苏加诺总统提出——在内阁成员中,共产党也应占四分之一的席位。1959年他兼任总理,并先后任最高议院主席、最高战时掌权者、民族阵线主席等职务。

印度尼西亚与共产主义国家和共产主义者走得如此之近,一度有西方舆论把中国和印度尼西亚的良好信任关系称为"北京——雅加达轴心",这样的情形令美国政府大为不满。一方面,美国政府直接向印度尼西亚的反对势力提供经济军事

印度尼西亚茂物总统行宫

支持；另一方面，直接策划推翻政府的行动。

万隆会议后不久，印度尼西亚陆军代参谋长朱尔基夫里·卢比斯上校在一些国民军军官的支持下抵制总统任命班邦·乌脱约少将为陆军参谋长的授职仪式，并拒绝移交代理参谋长职权，后又组织叛军公开与政府对抗；继而，积极奉行苏加诺政治主张的总理阿里迫于军方的压力和国内政局的动荡而下台。1957年上半年，中央情报局向驻扎在苏门答腊岛上的反苏加诺的印度尼西亚叛军提供直接援助。

从1955年到1958年间，美国中央情报局曾策划过一系列针对苏加诺的暗杀和兵变活动。中央情报局决定拔掉苏加诺这根钉子，计划采用"危地马拉政变"的形式，推翻印度尼西亚政府……

"巧合"的是，总统也的确遭遇过车队遇袭、不明人员向其投掷手榴弹等"意外事件"。

来到中南海的神秘使者

1961年12月4日，作为苏加诺总统私人保健医师，一位神秘使者带着绝密外交使命来到了北京中南海……

秘使名叫胡永良，是位华裔印度尼西亚大夫，原先是总统的牙科医生，后来担

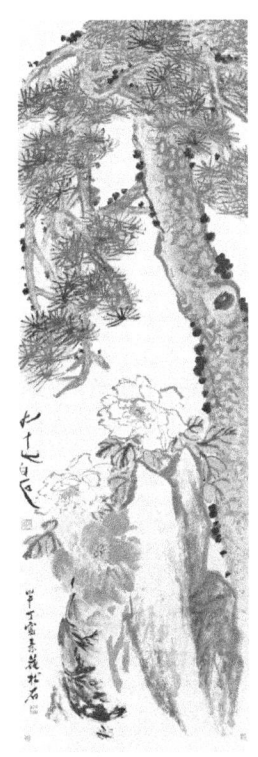

1961年6月苏加诺访华时,毛泽东主席赠给他的齐白石、陈半丁合作的《牡丹松石图》

任了总统保健顾问医师,但他只能看牙病,不能看其他病。这种专科大夫担当顾问医师的状况受到了非议,胡永良也受到一定的排挤,最后被解聘。不久后,总统肾病病情的加重让胡医师的处境有了转机——身为华人的他想到了中华医学的神奇,中医治疗方案正符合总统的意愿,于是极力向苏加诺宣传中医如何神奇。出于对中国的友好感情和中医治疗效果的美好预期,苏加诺总统指派胡永良秘密到访中国,请求中方的帮助。

外交解密档案记录,晚9时,周恩来总理会见了秘使,两人进行了友好的会谈:

……

胡:总统很想来中国治疗,这是他个人的愿望。

周:如来中国,目前印度尼西亚政治情况不太稳定,他离开国家是否会发生国内问题,我们也很担心。

周:来用怎样的方法能满足苏加诺总统之治疗要求,有三个可能:

1. 苏加诺总统到中国来。

2. 派医疗小组到印度尼西亚(包括医生护士技术人员及设备、药品)并在印度尼西亚进行治疗。

3. 先来中国治疗一段时期,再回印度尼西亚继续治疗。

……

苏加诺多次受到暗杀袭击,对于敌对国家在台底下搞的这些"小动作"心知肚明——外交部解密档案中多次提到了苏加诺担心西方国家暗算他,不同意在维也纳动手术;而中国方面也担心苏加诺来中国治疗可能给印度尼西亚国内敌对势力提供机会。面对错综复杂的形势,周恩来总理运用卓越智慧和外交手段,婉转地提出中方认为适宜解决问题的方案,解密档案记载道:

周:三种方法(见前一段引文,笔者注)我们倾向于第二种,即派医疗小组到印度尼西亚去负起全责以断定病情,明确诊断,若能得到总统同意并得到卫生部合作,由我国医生护士X光技术人员全套人去,我们自出旅费亦可。至于使用什么药品我们只提供意见,须由总统自己考虑决定。此办法好处可使总统减少往返耽搁时间,不致跋涉之苦。总统在国内治病对管理国家事务也方便。我们去后可将诊断意见及治疗意见报告总统,由总统自己决定,总统也能征求卫生部的意见。若总统来我国，则全由我国负责，印度尼西亚政府及总统本人不好提意见。若是第三种，有可能减轻了症状，可能没完全治好，可能引起议论，而后我们还得派人去，而总统却费了往返的时间。

你可将三种可能都向总统报告，并转达我的意见是倾向于第二种。

对中国方面的盛意和合理建议，苏加诺欣然接受。

"过关"的中国医疗队

1962年1月，为苏加诺看病的中国医疗组以中西医相结合的原则组建，包括主治医生、针灸医生、中药师、放射科专家等九人，乘坐专机经昆明、仰光、金边飞往印度尼西亚首都雅加达，随身带着X光机等医疗设备和大量中草药。解密档案记载了这支援外医疗队的成员名单：

医疗小组成员：
吴阶平：北医第二附属医院院长，泌尿外科教授，组长
方　圻：协和医院内科副主任，内科副教授
胡懋华（女）：协和医院放射科主任，教授
岳美中：中医研究院中医
邓学稼：上海第一医学院附属医院主治医生
张增林：中医研究院中药药剂师
杨甲三：中医学院针灸科教师
艾向武：北京医院X光技师
姜洪东：北京医院X光技师

吴阶平是医疗组组长，又是临时党支部书记。中方医疗组到达印度尼西亚后，引起了外界极大的关注。最初西方的新闻媒体误以为中方专机带去的许多医疗器械是武器装备，就报道说中国向印度尼西亚派来了一个军事代表团。第二天外国记者搞清楚了，中国派的是一个医疗小组，是来给苏加诺总统看病的。可见中方医疗组工作如何，将对外造成很大的影响。

医疗队抵达印度尼西亚的第一关是面见总统，取得他的信任。医疗队成员不单英语讲得比当地医生流利，还可清楚细述世界医疗发展状况及水平，取得了总统的信任。不过，具体要为总统诊断治疗，还必须与苏加诺自己的医疗组交流沟通拟订方案后才能实施。其中的印度尼西亚医生相信西医，最初不赞成中国医疗组的到来，他们尤其不相信中医，认为中医不科学。中方采取的做法是，通过同印度尼

西亚医生讨论总统的病情，提出中方的分析和看法，首先让印度尼西亚医生相信，中国西医医术是高明的，至少不比西方国家的医生差。西方医生查出的病情，中方也都分析得出来，这样使印度尼西亚医生相信中方的西医是在行的。然后，再由中方的西医说中方的中医行，使印度尼西亚医生相信，中医是科学的，并且告诉他们，中方主张中西医结合为总统进行治疗，这样他们就比较容易接受了。

中国专家第一次给总统看病，是在高大明亮的总统府独立宫里。苏加诺对号脉等中医诊断方法感到很新鲜，但听说要针灸治疗时，见一根根银针那么长，有些犹豫。中国医生有办法，吴阶平让同伴先在他手上、臂上作示范……苏加诺眼看着长长的银针扎进去，中国医生谈笑自如，丝毫没有痛苦的反应，这才同意试试。外交解密档案也记录了中方医疗小组第一次诊疗后发回国内的报告：

医疗小组 1 月 14 日到达印度尼西亚。根据诊断结果，医疗小组拟订了处方。处方上开始拟较简单，以便力量集中，而如有反应出现时亦易于掌握。第一方拟服二、三星期，具体成分为金钱草三两、六一散八钱、海金沙五钱，冬葵子五钱。针灸每星期三次，轮流应用两个处方。第一方以肾论治、壮水化湿为法；针列缺、照海、足三里、合谷；灸关元。第二方壮水之源、以制阳盛而导赤利湿为法；针通谷、前谷、委中；灸肾俞。

……

吃中药也是一关。研究方案时，印度尼西亚医疗保健小组的"机要局长"提出一个问题：安全的责任谁来负？谁能保证没人在中药里做手脚呢？中方与印度尼西亚方面负责总统平日饮食起居的安全保卫管理局长交流沟通后，经过仔细研究，决定用不锈钢专门做一个送药的器皿，要严密，要保温，盖子密封加锁，还要加盖骑缝章，注明日期时间，经手人一一签字，总统府派专车专人接送……这一套程序和手续，要比"内容"复杂得多。

在为苏加诺总统诊治期间，中国驻印度尼西亚大使黄镇生怕出一点儿意外，所以每次会诊他都参与研究，配药的每一个步骤他都一一检查。所有这一切都在大使馆里进行，一时间，使馆成了中药铺，逢到好天，就把中药拿出去晒。

最后一个问题：中药总是苦的，而且每天都要吃，这一点无法改变。除了看病时医生解释以外，平时就靠总统私人护理医生多做说服动员工作了。总统私下里对针灸和服药有什么反应、说法，也要靠他随时反馈——因为给总统看病、针灸时，印度尼西亚方面的无关人员是不能在旁边的。因此，中方医疗组与总统私人护理医生之间的交流沟通也是治疗的关键。

圆满的印度尼西亚之行

中国医疗组成员不但医术一流、医德高尚,而且政治素养高,与印度尼西亚方面的人员相处讲究策略水平。面对两者间复杂微妙的关系,他们不卑不亢,谦和得体,措置有度,让人信服。

事实上,印度尼西亚总统医疗组内部很复杂,医生之间也意见不一,政治主张也不一样。医疗组中有印度尼西亚的卫生部长,还有一名情报局长,是个放射科医生,当时印度尼西亚全国唯一一个泌尿科医生也加入了医疗组。中国医疗队进驻之后,不想让当地医疗组感到受冷落,便尽量宣扬印度尼西亚医生做出的成绩,经常在总统面前赞扬他们水平不错,消除印度尼西亚医生的抵触情绪,使得双方融洽相处、通力合作。

中方采取中医为苏加诺治疗了三个月之后,为总统作了一次 X 光拍片检查,看看治疗的效果,发现总统肾功能有部分恢复后,又采取秘而不宣的策略,特地让印度尼西亚医疗组的医生去诊断。印度尼西亚医生一看总统身体检查的结果,自然欣喜若狂,向总统报告治疗取得明显效果。第二天,出于政治上的考虑,总统府将消息透露出去,印度尼西亚各大传媒就大肆报道,说总统健康完全恢复。当地医疗组的成员此后也大大地受到褒奖——中国医疗小组第一次在印度尼西亚期间逗留了三个月,卫生部长和情报局长从准将升为少将,总统府的侍卫长从上校升为准将。后来他们同中方的关系非常好,双方的良好合作使得第一阶段的治疗圆满完成。

此后,中国医疗队又四次赴印度尼西亚为总统治疗,在当地医生的配合下,苏加诺总统对中医的信心越来越大,他管中药汤药叫"中国咖啡",坚持服用后,不断排出结石。他把结石都收集起来,装在瓶子里。肾结石完全康复后,苏加诺总统有一次遇到中国使馆的工作人员,对他们说:"你们中国那个'咖啡'(即为他煎制的中药)挺好喝,我一直喝着呢。"

1965 年 1 月 2 日,苏加诺总统在茂物给中国医疗组全体人员举行了授勋仪式,感谢他们给予的精心治疗,表彰他们的工作成绩。当时的中国驻印度尼西亚大使姚克明和印度尼西亚副总统都出席了仪式。医疗组组长吴阶平被授予三级"伟大公民"勋章;医疗组成员方圻、岳美中、杨甲三、杨奠邦被授予四级"伟大公民"勋章。《人民日报》还对此予以报道,援引了苏加诺总统的话:"我现在的身体同往常一样健康,中国医生为我进行的治疗是原因之一。"

"医疗外交"在延续

由于中方的医疗效果比较好,苏加诺总统对中国的友好感情和对中医的信任度与日俱增。

后来,总统的身体稍有不适,首先想到的就是中国医生。根据相关资料记载,中国医疗组负责人曾回忆:1965年8月17日是印度尼西亚国庆日。每年国庆,都要在雅加达的独立宫前搭一个观礼台,苏加诺总统在台上发表纪念讲话,并举行检阅。鉴于他7月底因脑缺血发生过一次昏厥,而8月天气炎热,担心总统身体发生意外,中方建议他国庆日不要登台讲话和检阅。可是,那次正好是一个大庆,印度尼西亚方面还邀请了许多外国贵宾,总统执意要登台,只是答应把讲话稿缩短一些。中方与印度尼西亚医生说好,总统的保健任务由印度尼西亚医生在前台负责,中方在后台随时支持。

国庆那天,观礼台上就座的只有苏加诺总统和罗马尼亚国务委员会主席斯托伊卡,他们的身后站着陆军司令、海军司令、空军司令、警察司令、大雅加达卫戍司令和总统副官等六名将军。典礼即将开始时,中方医疗组突然接到一个通知,总统请医疗组大夫上观礼台,在两位元首的旁边就座。

中方医疗组负责人当时没带任何药品和器械,口袋里只有一盒万金油,受命坐上主席台后,一直担心如果总统的身体突然发生意外,没有急救设备。好在有惊无险,国庆大典一切顺利。第二天印度尼西亚各大报纸登出了中国医生与两位国家元首在观礼台上的照片,为总统"保驾"的报道。

医疗组的努力工作,对外交工作的帮助也是明显的。平时,中国大使要见苏加诺总统,须先向礼宾司提出,排队等候。自从医疗组赴雅加达后,中国大使见总统方便不少。通常只需医疗组大夫诊病时在苏加诺耳边讲一句:"总统阁下,中国大使非常想念你,想来看看你。"苏加诺就会当即叫礼宾司翌日安排接见。

1965年夏,中国医疗组完成治疗任务后,启程回国。苏加诺总统送别时给予了高度评价:"这(指治疗肾病取得的良好效果,笔者注)是社会主义中国中医的奇迹,这说明先进的医学不一定在西方。"

三千印度战俘在中国的真实生活

罗山爱

2008年11月,中国外交部解密了一批1961—1965年期间的外交档案,其中包括1962—1963年中国人民解放军看管在对印自卫反击战中抓获的三千余名印度战俘的内容。面对这批数量庞大的"外国特殊人群",中国军队和相关部门究竟是如何进行管理的,档案中有清晰的记载。如今重提这段历史,也许能让人更全面地了解那场中印之战。

印俘帮我军招降同伴

1962年10月至11月,为反击印度对我领土的蚕食行径,中国人民解放军被迫采取闪电式的自卫反击,取得辉煌胜利,除印军第62旅旅长霍希尔·辛格准将以下4885人被击毙外,还有包括印军第7旅旅长约翰·达尔维准将以下3000余名官兵被俘。由于战前印军官兵被告知:中国军队和日本军队一样野蛮,对俘虏砍头活埋,这种思想灌输使印度官兵普遍怕被俘。遵照中央军委、总政治部有关指示,各参战部队在十分困难的情况下,对印俘切实做到不杀、不打、不骂、不侮辱、不捆绑、不搜身等"六不"纪律。一些部队在深夜抓到印俘后,给他们生火取暖,烧茶做饭,有的部队发现在树上、岩洞和荒无人烟的大山里快要冻饿而死的印度官兵时,总会想尽办法抬回救治。

据外交解密档案记载,不少印军官兵看到我军宽待俘虏,主动向我报告同伴下落,帮助我军喊话劝降,有的甚至帮助收缴印军散兵游勇的枪械。

当地少数民族群众也积极帮助我军捕捉俘虏。据某部队在德让宗地区的不完全统计,群众为我捕捉印度溃兵达42人次,捕交印俘23人,上缴机枪3挺,其他枪支10支。

印军第7旅旅长达尔维准将被抓获时,已经66小时没吃东西,饥渴交加,神智恍惚。我军第419部队弄清他的身份后,给他安排了一个单间住房,送上水壶和干

被释放的印俘向中国军医和俘管干部表示衷心感谢

粮,使他的情绪稳定下来。第419部队政治部主任魏克问他被俘后是否遇到什么麻烦,达尔维伸出戴着金壳手表和钻石戒指的手说:"你看,我的东西丝毫无损,你们真是一支文明的军队。"

登记工作,第一道难关

据档案记载,1962年底至1963年春,我西藏、新疆军区在穷结、隆子、扎拉等地开设多个俘房收容所,3 000多名印俘均得到妥善的生活安排。在收容所运转之初,最重要的工作莫过于印俘登记,这关系到国家的外交斗争。但外人恐怕想象不到,这次登记工作成为我军管理印俘的"第一道拦路虎"。

印度号称"民族博物馆",同样印度军营也是个"民族大杂烩",我军收容部门发现英语并非印军内部的通用语言,许多士兵文化程度低,只懂用本民族语言对话,却不会书写,导致登记工作十分头疼。但同外国军队作战,要求我军向外交部门和中国红十字会准确提供俘房数字、名单和情况。如果登记工作做不好,就会给外交斗争增添麻烦。因此,我军俘管干部对此高度重视,并制定了严格的操作流程。

我军为印俘准备了符合《日内瓦公约》规格、信息详细的俘房登记表。印俘初来时怕说真话对自己不利,因此敷衍甚至逃避登记。也有不少印俘虚报情况,吹嘘家境如何富裕,一个理发兵说自己家里有铁路和拖拉机,以为说穷了不光彩。这些情况都要求我干部必须反复核实,去伪存真。收容所对印俘进行了充分讲解,说明登记是为了便于管理和安排他们的生活,关系到他们与家庭通讯及今后的释放,如弄虚作假,谎报情况,最终会害了自己。当印俘认识到登记与其切身利益相关后就

在邦迪拉、查库等地被我军抓获的印俘等待后送

普遍重视起来,有的印俘在登记时看到姓名、军号填写错了,主动要求更正。

实际工作中,我军干部发现印俘重姓重名现象非常严重,所以动员印俘填写姓名全名,不要用缩写,姓与名之间要有间隔。不过,印军官兵都有军号,即便姓名有相同的,但军号肯定不同。后来,中国红十字会交给印度的俘虏名单都配有军号,核对名单时也以军号为第一依据。

俘虏登记表还包括民族一栏,但大部分印俘对民族概念不太清楚,有的把宗教、种姓、家族当作民族填写。我方干部在登记时勤问勤查,事先把印度各民族列成表,我登记人员人手一张,给印俘指认,认真区分其民族籍贯和归属地区。

印俘编队,考验我军智慧

考虑到数千印俘来自12个民族,信仰5种宗教,且印俘官兵之间存在深刻矛盾,印俘军官即便在收容所里也试图对士兵实施控制,因此我方俘管人员有针对性地对印俘进行编队,既体现我宽俘政策,又有利于对印俘进行管理教育。

印俘士兵中,锡克族印俘是公认最难管教的一号人马,他们强悍好斗,自诩为

"尚武民族",特别仇视穆斯林、高尔瓦族和泰米尔族印俘,某收容所起初隔三差五都要发生锡克族与高尔瓦族印俘间的群体斗殴事件。此外,锡克人笃信锡克教,每天祈祷两次,爱吃白面,留长发,要擦头油等,一些锡克族印俘甚至私下抢夺其他印俘的生活用油,容易引起矛盾,因此各收容所都将其单独编队。另一个常闹事的是拉吉普特族印俘,他们爱夸自己文化高,比别人"文明",特别歧视山区的少数民族印俘,认为他们"愚昧落后"而加以辱骂排挤,我干部也不得不将其分开组织管理。

印俘在我干部带领下外出挑水

印俘中属于边远山区的人(如阿萨姆人、拉达克人等),虽然不是一个民族,但他们平日生活特别贫困,常常受人歧视,因此把他们编在一起,编队时对他们予以适当照顾。

印度籍俘虏受反动宣传影响,存在明显的大国沙文主义思想,再加上生活习惯不同,平时总是歧视和欺压尼泊尔籍和巴基斯坦籍俘虏。尼籍俘虏常以沉默待之,但其内心存在积怨,而中尼两国的友好关系在尼籍印俘中颇有影响,他们多抱有中尼友好的愿望,容易亲近中国。有的收容所在开始的一个月,没有将尼籍印俘与印籍俘虏分开编队,结果尼籍印俘士兵不敢接近我工作人员,在感情上与我军有所疏远,教育深入不下去,但后来分开编队后,尼籍士兵的情绪大有改观,工作进展也顺利得多。印俘士兵中尚有一些印籍廓尔喀人,其民族特点与尼籍俘虏相近,在印军中也被编入廓尔喀联队,收容所也把他们与尼籍士兵统一编队。值得一提的是,我军在战斗中还抓获一名巴基斯坦籍的士兵,开始把他编在印籍俘虏队,因常受欺压,他坚决要求收容所领导将其编入尼籍俘虏队,领导满足其愿望后,他在收容所里表现非常好。

印俘吵闹要"工资"

1949年8月12日通过的关于战俘待遇的《日内瓦公约》是世界上多数国家公认的国际条约,我国政府于1952年7月13日授权外交部长发表声明予以承认,中华人民共和国主席又于1956年11月5日予以批准(但对其中的三条作了保留)。

早在收容所建立前,我军总参和外交部领导多次指示,必须将学习《日内瓦公约》并灵活应用当作一项重要任务来对待,强调印俘有相当一部分人有国际活动和外交斗争常识,有些人曾看管过外国战俘,对《日内瓦公约》中战俘待遇内容有一般了解,因此未来在管理印俘的工作中适当引用对印俘有约束力和说服力的条款,有利于我军开展管理工作。

果然,相关学习为日后的俘管工作提供了巨大帮助。在印俘进入收容所初期,经常发生集体要求改善待遇的行为,我干部根据公约中关于俘虏的生活条件和标准的规定,进行了细致的说理教育。比如公约第25条强调俘虏住宿条件要与拘留国驻军条件相等,第26条规定俘虏口粮应足够保证健康,并让俘虏参与"膳食准备"。这方面,我军不仅做到,而且超过公约的要求。在物质生活方面,印俘伙食按照我军西藏、新疆军区边防战士的五类灶标准待遇,蛋粉、牛羊肉、绿豆等主副食品供应充足,每隔一段时间还配发新的御寒衣物(印俘军官的生活待遇略高),允许印俘组成炊事班和参加伙食委员会,参与管理伙食。

一些俘虏按照收容所的规定外出劳动,回来后居然向我管理部门提出薪酬待遇的问题。对于这种非分的要求,我干部同样依照公约中第49条规定,指出拘留国可以在支付工资的情况下利用俘虏进行劳动,但中国收容所没有利用印俘为己方军队服务,这是我军宽待俘虏的表现,印俘只是为他们本身生活需要而担负打水、扛米、运粮等劳动,这与公约所指的"劳动"根本不是一回事,因而也不存在付工资的问题。

值得一提的是,面对部分印俘顽固分子利用公约胡搅蛮缠时,我干部完全可以用公约最具决定性的第82条"战俘应受拘留国武装力量现行法律、规则及命令约束"加以回应,但我方仍以最大的耐心和诚恳去争取理解。

尊重印俘宗教信仰

与朝鲜战争中俘虏的"联合国军"战俘相似,我军此次抓获的印俘官兵人人信教,主要是信仰印度教,其次是锡克教、伊斯兰教、佛教和基督教。在管理中,我干部发现锡克人信教最虔诚,每天至少要祈祷两次,印度斯坦人(印度人口最多的民族)次之,士兵和低级军官热心宗教礼仪,少尉以上军官宗教观念比较淡薄。

印度的民族节日也大多与宗教有关而且很多,印军中每年的节日放假在28天左右。为扩大中国政策影响,收容所允许印俘每周日做礼拜,让他们过较大的宗教节日,给他们进行正常宗教活动的种种方便,如安排活动场地与时间,发给他们油、面和糖作调制祭品之用。为表示重视,收容所和中队的领导干部还到现场观看礼仪,尊重他们的习惯,如脱鞋、不抽烟等。有一群信奉印度教的印俘在1962年10月送入收容所,初来时他们情绪低落,成天考虑家庭问题,对中国人疑惧很重。10月27日是他们的"灯节",我干部为他们准备了各种食品和举行礼仪用的蜡烛,安排他们欢度节日,印俘们喜出望外,他们说:"当俘虏还能这样过节,这是历史上没有过的。"有的人表示要写信告诉亲人,叫全印度的人都知道中国军人是最仁慈的。

管理印俘通信

根据上级指示的精神,印俘进入各收容所后不久,便获许与家属亲友写信,校级以上的印俘军官还可以发电报。出于管理纪律的需要,各收容所事先向印俘宣布了写信的有关规定,外发信件上交时不得封口,收信则开封检查后再发给印俘,印俘发信地址使用我方统一规定的英文通信信箱代号,不写收容所地址。

我边防部队把生病的俘虏送到卫生所诊治

据解密档案记载,在被收容期间,印俘同生活在印度、巴基斯坦、尼泊尔、锡兰(今斯里兰卡)、英国、刚果(金)、尼日利亚等国亲人通信,共发出信件超过一万封,电报100余份,收到信件5 000多封,电报50多份。

允许印俘通信,对稳定印俘思想情绪很有效。印俘刚来收容所时忧虑很多,既担心自己的前途,又挂念亲人的生活,当听到允许他们写信的消息和收到来信后,马上转忧为喜,纷纷表示能知道亲属的消息,心里就宽慰了,还没收到来信的印俘也说:"虽然我们还没收到来信，可是我们的心情和收到信的那些人一样高兴，我们相信家里也知道我们没死。"很多印俘赞扬我方为通信所做的努力，说"中国人办事认真，说到做到"。一名印俘军官在写给母亲的家信中说："刚被俘时认为没有活命的希望了，但后来才知道生活在中国收容所里没有多少苦，和在印度没什么区别。"许多印俘家属在来信中表达了对中国的感激，一名印俘的妻子在写给丈夫的信中说："我们每天都在为中印人民的友谊祈祷，中国政府是要和平不要战争的。"

印度政府利用印度红十字会的名义，向中国红十字会提出要给印俘送衣服和食品包裹，以示对战俘表示"关心"，试图抵消我宽俘政策的影响。但我仍克服困难做好这项工作。当中方克服重重困难将印度寄来的包裹及时送到收容所后，绝大多数印俘对中方认真细致的分发工作表示感谢，他们说："这是印度红十字会送来的东西，但中国红十字会也尽了很大努力。"在接收包裹的过程中，印方通知我方是4000个包裹，但最后实收却是3999个，我方人员在点收时非常仔细，食品包裹2000个实收无误，衣服包裹当场清点两遍后，又会同印方代表一起清点，核实为1999个。后来，印度红十字会代表还就少运一个包裹向中方表示歉意，说这是他们的错误。

用行动感化印俘

印俘往往从我军的实际行动来看中国政府和人民，我干部的一言一行不仅对印俘有影响，而且在印俘释放回国后，还会在印度人民中产生影响。因此，我军俘管干部非常重视用行动感化俘虏。

稍有点地位的印俘官兵都轻视劳动，视体力劳动为下贱的事。印俘军官认为不劳动是他们的"尊严"和"派头"，士兵也认为军官不劳动是"理所当然"的。因此，当印俘刚来时，我军宣传的官兵一致，人人参加劳动，许多印俘都似信非信，认为中国人在"搞宣传"。但我干部的实际行动说服了他们，遇有公差勤务，干部就带领印俘一起干。有一个印俘到收容所后第一次去拾柴，他看见我中队长拿着绳子走在后面，他想："中国长官拿着绳子跟上来，我如果不好好干，一定会被捆起来。"后来，他发现中队长自己也在拾柴，那根绳子是背柴禾用的，印俘这才恍然大悟地说："中国军队真是官兵平等，与印度军队大不相同。"

许多印俘不愿打扫厕所，也不愿替别人理发，认为这些是"最卑贱的差事"，只能由低种姓的"贱民"和"不可接触者"去干。但中国干部却带头拿着铁锹到厕所干起来，有的区队长还为印俘理发，不少低种姓的印俘说："我们从来没见过这样好的军队。"许多印俘为中国军队的上下平等、官兵一致和艰苦朴素的作风所感动，称赞中国制度好。

1963年3月11日，是印度全民性的"洒红节"(Holi)，各收容所为印俘准备了节日所需的各种用品，举行会餐和联欢晚会。印俘们吃着东西，在树林、坪坝上载歌载舞，尽情玩乐，互相用红色（或其他颜色）点额抹脸，以示祝贺。我军官兵也参加了联欢，并表示友好的祝福。印俘纷纷表示，"当俘虏还能这样过节，这是历史上没有过的。我们永远不会忘记同中国军官一起过节的经历。……我们要写信告诉亲人，叫全印度都知道中国兄弟是最人道的。"

印俘与我干部联欢

"中国人似乎有非常有效的宣传机构"

我方收容单位采用了一系列形式多样的教育活动，促使印俘认识中印边界问题上的是非，接受中国和平解决边界问题的主张。连印度军方也不得不承认："中国人似乎有非常有效的宣传机构。"

中印边界问题是整个印俘教育的中心环节。印俘大多数人不明白真相，他们错误地认为"'麦克马洪线'就是国界"，"1959年达赖喇嘛跑到印度后，中国和印度争西藏，才出现边境的紧张局势"等。为使印俘明辨是非，我军以1962年11月15日周恩来总理就中印边界问题致亚非国家领导人的信为基本教材，以介绍中印边界的历史背景为主，向印俘介绍中印之间以往没有对边界问题发生过争执，当前的纠纷是以往英帝国主义侵略所造成的。介绍时，我干部在地图上醒目地标出几条线的位置,便于印俘了解中印边界问题的基本知识,向印俘说明西藏是中国领土不可分割的一部分,揭穿"西藏独立国"的谬论。在大量事实面前,印俘大都承认自己原来的看法"站不住脚","中国长官讲的是以历史事实为根据,尼赫鲁包庇达赖是一个错误"。

我方对印俘进行思想教育的方法很多,其中针对广大没有受到良好教育的基层士兵的有线广播效果非常明显。印俘来到收容所后,由于渴望遣返,希望及时从广播中听到中印边界问题的消息。有线广播的内容主要是转播中国中央人民广播电台每天的印地语新闻和配合教育播送重要文章和学习资料。如果进行中印边界问题真相的教育时,向印俘转播有关中印边界问题的历史资料、我国政府的声明等,这些材料的内容都较密切地结合印俘的思想实际,他们很愿意听。我收容所在转播每日新闻时都非常谨慎,尽量避免那些容易引起误解和思想波动的内容。如关于中国政府同意为印俘接受和转发印度红十字会包裹的问题,尽管中央人民广播电台已经播出,但收容所没有过早让印俘知道,而是等到收到包裹后再广播,以免印俘因等待时间长而产生思想负担。又如各收容所的情况不同,生活在新疆收容所的印俘有水果吃,但在西藏就办不到,因此向印俘广播其他收容所生活情况的新闻时,也要有所选择,容易引起印俘误解的内容就不播出。

中国电影受印俘欢迎

解密档案显示,我军各收容所共为印俘放映电影340场次,每个中队平均每周放映两三次,许多印俘看了电影后纷纷表示"中国电影都是教人学好的"。

考虑到印俘的思想情况与教育进度,我军在不同阶段安排了题材丰富的影片,主要以国产片为主,辅以少量印度进步影片,并注意将战斗片穿插放映,从而提高教育效果。例如:

在配合稳定印俘情绪与宣传我宽俘政策阶段,各收容所主要放映《南方之舞》、《八一运动会》、《五朵金花》、《战上海》、《战火中的青春》等(后两部有瓦解敌人、宽待俘虏的镜头)。

配合中印边界问题真相教育,我方主要放映《周总理访问六国》、《友谊长青》、《中缅签定边界条约》、《中尼签定边界条约》、《中印边界问题的真相》、《欢腾的西藏》、《柯山红日》、《渔夫与金鱼的故事》等。

配合揭露旧社会贫富分化的教育,我方主要放映印度电影《两亩地》、《两头牛的故事》和中国影片《白毛女》(最受印俘欢迎,印俘几十次要求重放)、《红旗谱》、《暴风骤雨》、《勐垅沙》等。

配合宣传中印人民友好,我方主要放映《孙悟空三打白骨精》、《林则徐》、《海鹰》、《上甘岭》等。

配合介绍中国革命和建设,我方主要放映《洪湖赤卫队》、《红色娘子军》、《万水千山》、《红色的种子》、《青春之歌》、《聂耳》、《欢庆十年》、《达吉和他的父亲》、《兰兰和冬冬》、《万紫千红总是春》等。

在放映中国影片时,解说工作很重要,收容所大多固定由一名口语较好的印地语干部担任解说员。每次放映前,解说员都做好准备,尽量做到同声翻译,绘声绘色,抓住人物关系。印俘看中国电影往往分不清人物,发生误会,影响他们对故事的理解。如《海鹰》中敌我双方军队的服装近似,又如《战上海》中小林子三次出现在不同时期,人物模样全变了,解说员必须向印俘交代清楚。解说员还不失时机地抓住对比教育,如《智取华山》中两种军队根本不同的军民关系,《海鹰》中两种军队根本不同的官兵关系等,向印俘解说清楚,启发他们联想对比。

广大印俘士兵出身贫苦农民,深受地主资本家的压迫,许多人在目睹电影《白毛女》中杨白劳被逼死时难过得流泪,看到黄世仁被斗争时鼓掌叫好。他们说:"当我看到喜儿怀孕,生孩子时,我哭了。这是真的,上帝作证。""印度有黄世仁,也有冯兰池这样的地主。……农民想得到解放,必须组织起来和地主斗争。中国农民已经这样做了,相信其他各国农民也一定能走中国农民走过的这条道路。"不少印俘学会了中国歌曲《东方红》、《社会主义好》等。

看了《友谊长青》后,印俘说:"中国和缅甸的边界问题是这样友好地解决了,不知道尼赫鲁是怎么想的,为什么还不同中国谈判?"看了《柯山红日》,印俘说:"过去我一直认为西藏是独立的,看了电影才知道西藏是中国的一部分。"通过电影,印俘还看到中国革命与建设的成就,人民生活的提高,高尚的道德品质,优美的民族歌舞艺术,他们普遍表示羡慕和钦佩。

每天早饭后、晚饭前和睡觉前,印俘总喜欢围坐在一起聊电影,我干部也抓住时机和他们坐在一起攀谈。有一次,我干部同印俘军士班一起谈电影,谈得津津有味。当谈到《两亩地》时,一个印俘上士说:"《两亩地》说的是过去的事情,现在早就没有这种事了。"另一上士说:"不,不,像这样的农民在印度到处可见。"两人争论起来,旁边有的印俘说:"印度实行五年计划,人民生活很好。"但立即有人反驳说:"我们家乡没有从五年计划得到什么好处,有些人连饭都吃不上。"这时,我干部顺势介绍了一些关于印度贫富分化情况的材料,说明扩军备战给印度带来的危害等,不少印俘点头赞同,很自然地接受了我方的观点。

"印地秦尼,巴依巴依"

在中国边防部队取得自卫反击作战伟大胜利、完全掌握战场主动权的情况下,中国政府仍坚持和平解决边界问题,继续进行外交努力。1963年4月21日,中国国防部发表声明,宣布通过中印两国红十字会释放全部印军被俘人员。绝大多数印俘官兵自1963年4月10日至5月25日分别在西藏沙马以南的巴底通、棒山口北侧、西路曲,新疆的斯潘古尔湖等地分11批回国。在双方点交过程中,印度红十字会代表对印俘非常冷淡,每当印方代表喊一个印俘名字时,不满的俘虏只应一声"到",而按照他们的习惯,该回应"到!先生(Yes, sir)"。相比之下,印俘却对中方颇为感激,许多人说:"几个月来,你们(中国干部)对我们这样关心,但是我们为新德里卖命十几年,他们反而对我们如此刻薄,像这样的政府,我们为什么还要替他们卖命呢!"在现场,印度红十字会人员一见印俘就喊"印度万岁",但没有几个印俘呼应,我方则立即高呼"印地秦尼,巴依巴依"(中印人民是兄弟),印俘都跟着我们喊,使印度红十字会人员很尴尬。连印方接收俘房的红十字会人员也不得不承认:"中国的工作好极了,达到绝妙的程度!"我军总政治部联络部部长张梓桢到释放印俘现场视察,也称赞我边防部队的工作认真、细致、周到。

与西藏、新疆军区就近释俘差不多同时,1963年4月6日至5月4日,印俘准将达尔维、9名中校和17名少校参观了武汉、南京、上海、无锡、杭州、北京等城市。5月4日,印俘军官经昆明释放出境。一个月的参观游览,使这些坚持对中国抱有敌意的印俘军官受到了实际教育,加深了俘虏收容所对他们教育争取的效果,多数人的态度有了转变,了解到中国人民对印度人民是友好的。

为营造轻松气氛,印俘军官一切旅行事宜都以中国旅行社名义具体办理,参观中的保障和联络工作也由中国红十字会出面负责,我军代表只在印俘集中和遣返时出面,不陪印俘参观,顾全他们的面子。印俘军官的生活待遇,大致与一般资本主义国家外宾相仿,我方给他们做了西服,发了日用品,他们很感激。同印俘军官的日常接触中,我方接待人员称他们为某某先生或称呼他们的军衔,向他们讲话时称"印度朋友",注重谈中印友好、团结反帝等共同语言,不伤害他们的自尊心,使他们解除顾虑。有一个印俘校官在旅行之初整天埋头念经,后来也积极参观访问。但印俘军官不同于一般外宾,我方在政治待遇和礼节上做了相应调整,在外地不迎接,不献花,不接见,不送礼(参观名胜古迹时,只由各地中国旅行社出面送点风景画片),这些都是考虑到他们的俘房身份。

我方安排印俘军官参观了武汉钢铁厂、重型机床厂、上海华孚金笔厂、杭州都锦生丝织厂等八个工厂和一个郊区人民公社。在参观肉联加工厂时,印俘军官对我国建设成就和人民生活表示惊讶和敬佩。一位印俘少校说:"旧中国在蒋介石统治下人民饿肚子,你们在短短14年里取得这样巨大的成就,一定有什么'神灯'吧!这灯就是人民的力量。"(印度神话故事里描述有"万能神灯")。当印俘军官参观游览公园、逛商店和大街时,看到中国人民真正生活得幸福自由时,他们感慨地说:

"中国的姑娘后面没有人盯梢捣蛋,马路上没有明火执仗的强盗,这在印度是不能设想的。"一个印俘在游览中把未灭的烟头扔在草坪里,随即有一儿童上前把烟头熄灭并捡起来,这个印俘很惭愧,向儿童跷起大拇指。我方还安排印俘军官们在上海一资本家的家里做客,印俘准将达尔维对这个资本家说:"我原以为你们已经被革命了,没想到你们还过得这样好。……毛主席真有远见。"在从昆明登机回国时,达维尔准将向中外记者表示:"我们的武器装备胜过中国,训练素质也不比中国差,可谁也想不到中国士兵会用身体滚过雷区,用胸口去堵枪眼,还有中国的俘虏政策。如果战前印度士兵了解这一点,我想他们恐怕更难指挥。"

毛主席对中印边境自卫反击战的胜利以及俘虏管理工作给予了充分肯定,认为是"打了一个军事政治仗,或政治军事仗,与其说是军事政治仗,不如说政治军事仗"。曾参加过中印边界战争的印度陆军第 4 师师长尼兰詹·普拉沙德也不得不承认:"中国人在战场上是胜利者,在舆论上也是胜利者。"

旅居海外华侨换发新中国护照始末

唐 军

1951年2月1日，旅居丹麦的华侨许福一早便来到中国驻丹麦公使馆。此前一天，公使馆通知他，可以领取新护照了。从领事手里接过护照，许福仔细端详了半天，护照封面上几个醒目的烫金大字"中华人民共和国护照"映入了他的眼帘。此时，他才相信，他领到了新中国的护照。

这本编号为 B000111 的护照便是新中国的第一版海外华侨护照。

新中国第一版护照从启用到发至华侨手中，这中间发生过怎样的故事，外交解密档案中有着翔实的记录。

周恩来总理决定："国内护照由公安部制发，国外护照由外交部制发"

护照是一个主权国家发给本国公民，供其出入国境和在国外旅行、居留时证明其国籍和身份的证件。护照的起源可追溯到罗马帝国时期（公元二三世纪），当时有一种专门的国际信差，持有一种"特别证书"，在国际旅途中可享有某种特权和优待，这就是护照的雏形。到了中世纪，这种"特别证书"又发给皇家使节，以便他们出使外国时能受到特别的优遇。随着经济的发展和国际交往的增多，有的国家又把这种证件发给出国进行国际贸易活动的本国商人，使他们在国外能受到保护。至十六、十七世纪，逐渐形成为护照。随着两次世界大战和二战后国际形势的发展，许多国家对国际旅行实行了严格的控制，开始建立起专门的护照制度并日臻完善。

新中国成立伊始，外交部办公厅秘书处成立护照科（今天外交部领事司的前身），1951年1月2日，办公厅又增设签证处，护照科划归签证处，并新成立签证科，业务包括护照、签证、海外侨务、外国遗留领馆及在华资产等。

由于新中国实行"另起炉灶"、"打扫干净屋子再请客"、"一边倒"的外交政策，外交部的工作一切从零开始。护照科的工作也是千头万绪,虽然名字叫"护照科",但像颁发护照这类具体事务,新中国成立后的一段时期内根本无暇顾及。

也许有读者会问:那当时如果有事需要出入境怎么办呢?特殊时期有特殊做法。原来,国内出境人员所持的护照都是由各地地方政府自行签发的。1946年8月,在全国最早解放的大城市——哈尔滨,东北各省市行政联合办事处(10月改称东北行政委员会,1949年8月,改为东北人民政府)成立。到1949年中央人民政府建立,东北行政委员会已颁发护照3年了。北平、上海、广东等市、省解放后,各市、省人民政府的外事处也都印发过护照。显而易见,这种由各地方政府而非中央政府颁发护照的做法,不仅无法保证护照的真实性和权威性,也与世界通行做法相悖。

值得一提的是:新中国的第一位驻外使节——王稼祥大使没有携带护照就赴任了。

新中国成立后,各社会主义国家对新中国都采取了热情支持的态度,反应最为迅速的是苏联政府。1949年10月2日,苏联副外长葛罗米柯致电周恩来总理兼外长,"苏联政府决定建立苏联与中华人民共和国之间的外交关系,并互派大使"。10月3日,周恩来外长复电苏联政府,"中华人民共和国中央人民政府热忱欢迎立即建立中华人民共和国与苏联之间的外交关系,并互派大使"。新中国外交当务之急是争取国际承认,迅速扩大政治影响,建馆之事刻不容缓。10月20日,首任驻苏联大使王稼祥启程赴任。

时间太紧了,以致王大使一行来不及办理护照。10月19日,外交部办公厅特别照会苏联驻华使馆:

惟因护照不及赶办,暂发给证明书,以便迅速成行。特函请电达贵国政府分饬沿途关卡查照,准予以外交护照待遇为感。

现在很多人可能并不知道:在解放初期,"护照"有"国内护照"和"国外护照"之分。"国内护照"也就是我们后来通常所说的"通行证";"国外护照"则是现在意义上的"护照"。而且如果没有特别注明,提到"护照"一词,更多的是指"国内护照"。相比较"国外护照","国内护照"的种类更加繁多,数量更加巨大,颁发机关更加庞杂。针对上述状况,1949年11月28日,周恩来总理指示:"国内护照由公安部制发,国外护照由外交部制发。"

外交部护照科设计出了新中国第一版护照

根据周总理的指示,公安部很快设计出国内护照样本,在全国统一了通行证的颁发。当时规定:"凡机关工作人员出入省境,应携带护照。"

国外护照(以下为叙述方便,称为护照)的设计工作自然由外交部办公厅护照科来具体承担。(1957年11月26日,公安部、外交部联名通知各省、自治区、直辖市,自1958年1月1日起,公安部正式接管中国公民因私出国管理工作。这是后话了。)

1950年1月16日,护照科设计出了第一批外交护照、官员护照和普通护照式样,其间广泛征求了部内相关单位及多位专家的意见。新版护照由北京白纸坊印钞厂印制出样本,呈请周恩来总理批准。1950年3月,新中国第一批护照问世。该版的普通护照最初是专为华侨使用的,1956年,后部分临时因公出国人员也持用此类护照。该照规格为143毫米×108毫米,32页,封面封底为深蓝色布面,个人资料页为三联式,一年有效。

完成了新中国的护照设计印制,护照科在充分征求各方意见的基础上,拟定了许多很详细的规章办法,大到颁发护照的原则,小到护照的签署式样,并在总结经验的基础上不断加以完善。

譬如对于各馆发照及签证的签署办法是这样规定的:

领发普通及侨民护照在使馆由领事部主任签署为有效,如无领事部主任或领事部主任不在时,以大、公使、代办签署为有效;在领事馆由总领事或领事签署为有效。

护照签证上签署均用毛笔蘸墨汁书写。

"一般的侨民如无政治问题,国籍问题, 其申请领照,可由使领馆自行决定"

因为办理当地居留等需要,时常有华侨来到使领馆,询问有关办理护照的事宜。每次,各馆均将情况报回国内研究处理。1950年5月,外交部着手开始旅居国外华侨的换、发照工作。

5月25日,外交部办公厅发布了《在国外侨民换领护照办法》,对在国外的华侨的换照工作作出了具体规定。11月2日,又向使馆发出了《关于办理国外侨民统一换照工作的注意事项》。1951年4月,外交部办公厅致函各驻外使领馆,对换照工作的注意事项又进行了补充。

概括起来,为侨民换、发新护照总的原则是:

一般的侨民如无政治问题,国籍问题,其申请领照,可由使领馆自行决定;历史不清楚，无固定职业，社会关系较复杂的侨民申请领照，应多方了解，慎重审查，在查明确无政治问题者，使领馆也可自行决定；反动党团分子申请护照问题，应先调查其历史，查明与反动党团有无联系，归国后有无正当职业，报部后决定。

"中华人民共和国所发之新照是和旧国民党所发之旧照有很大不同意义的"

根据外交部的指示，各驻外使领馆陆续开始了本馆的护照换发工作，并结合各馆的实际情况制定了本馆的有关规定。

最早开始新照换、发工作的是驻苏联使馆。《驻苏联使领馆发给侨民护照暂行办法》规定：

（一）中国人持有原伪国民党政府发给之"中华民国护照"并持有苏联政府发给之"外人居住证"者一律换发新护照；

（二）中国人持有苏联政府发给之"无国籍居住证"并注明其以前国籍为中国国籍者，中国人仅持有苏联地方机关发给之"证明书"并注明其以前为中国国籍者，中国人在苏居住无任何证明其国籍之文件，经调查来历确系中国人者，以上本人申请自愿加入中国国籍，大使馆领事部或总领事馆审查并提出意见经大使批准后发给其护照；

（三）中国人已取得苏联国籍，其本人自愿退出苏联国籍请求加入中国国籍，苏联政府已批准其退籍者，经大使批准后，可发给其护照；

（四）侨民子女未满十六周岁者，可同其父母或母拍于同一照片，登记于父母护照上，按父母护照办理，如已满十六周岁，父母现均为中国国籍者，可发给其护照，如父母一方为中国国籍，其本人自愿加入中国国籍时，大使馆领事部或总领事馆审查提出意见经大使批准可发给其护照。

在丹麦，华侨们看到新中国驻丹麦公使馆为华侨换发新护照的布告后，他们中的许多人仍在观望，只有少数几个人抱着试一试的态度前去公使馆申领新护照，许福便是他们当中的一个。

12月29日，许福来到公使馆。一位领事热情地接待了他，首先祝他新年好。当问明许福来意，领事便详细解释和说明了有关的办照手续和填表注意事项。

许福旅居国外已27年，平时以教书为生。他接触过不少国民党政府驻丹麦公使馆的领事官。而与新中国的领事打交道，这还是第一次。新中国领事的诚挚、耐心和细致，使他深切感受到：新中国的外交官是与国民党的完全不同的。

在填写表格中的"对侨务工作的意见"一栏时，他不禁抬头望了望面前的领事，当看到领事正微笑地注视着他，眼神中满是鼓励，他略微思索片刻，工工整整地写道：

　　侨务工作应宣扬祖国文化，鼓励爱国思想，并维护工商界，使得赢利汇款返国经营实业，以为发展祖国富源之助。若正当侨民中并无违法行为而横受他国官厅压迫，应设法保护，以申公理维国家体面，尤宜增强侨民对于祖国政府之信仰。

　　不久他接到了领取护照的通知。

　　2月1日，他又一次来到公使馆。在提交了5张照片、护照工本费，折合人民币约4万元（相当于后来的4元）的丹麦克朗后，他领到了新护照。手捧着护照，许福不禁感慨万千，临行前，他说出了自己的肺腑之言：

　　甚望祖国一跃而为强盛之国，提高国际地位，打破世界向来轻视中国之心理，实施社会政策以均贫富，厉行人民民主主义以消灭封建恶势力，提倡男女平等以解放旧家庭之束缚，减轻家庭亲族观念以免互相挈引营私害公。

　　同驻丹麦公使馆一样，其他各馆换、发新护照的手续大抵相同，外交部解密档案记录了当时的执行程序：

　　首先和他们讲明中华人民共和国所发之新照是和旧国民党所发之旧照有很大不同意义的，然后告诉他们换照后应注意的各种事项，接着便帮助他们填写申请换照登记表，事后并限定他们在一定期限内将旧照及换照费送来使馆，待以上手续完毕后，即正式发给他们中华人民共和国的新照。

尾　　声

　　驻外使领馆换发新护照工作，第一阶段集中发放到1951年底就基本结束了。由于新政权刚刚成立，因此各馆所换发、新发的护照并不是很多。只有驻苏联使馆略多一些，据使馆领事部统计：自1950年11月15日至12月31日，共发出新护照46本，其中留学生7本，使馆留用的勤杂人员4本（换发），华侨39本。1951年全年换发新护照649本，其中华侨582本。这样，从开始发照到1951年年底，共发出新护照695本，其中发给华侨的有621本。领事部估计，其负责领区内约有华侨八九百人，因此未领取新护照的华侨约有二百人。

外交礼宾中不为人知的故事

文 林

中国人自古以来在对外交往中就重视礼品馈赠,《礼记》中有所谓"礼尚往来,往而不来,非礼也;来而不往,亦非礼也"。礼品往往能传达言语所不能表达的感情和信息。中华人民共和国外交部自 2004 年起逐步解密开放了新中国成立初期的外交档案,其中礼宾部分有很多关于当时国家领导人在外事交往中馈赠礼物的趣闻往事。

祝 寿 礼

1949 年底,毛泽东主席第一次访问苏联。是年 12 月 21 日是斯大林七十大寿,为此中共中央、中央人民政府和中国人民解放军分别准备了丰富的祝寿礼送往莫斯科。解密档案中的礼品清单显示,中共中央赠送给斯大林的有丝织像、清代蓝花瓷花瓶、象牙艺术品等,还有三种茶:祁门红茶、上等绿茶和龙井茶;中央人民政府的礼品更是花了很多心思,除精美的瓷器外,特地从山东、河北等地采购了新鲜的蔬菜、水果,如山东胶东白菜、莱阳雪梨、章丘大葱、北京心里美萝卜,还有江西小金橘等;中国人民解放军赠送的是斯大林大元帅像,分绣像和瓷像两种。

1953 年底,为祝贺毛泽东主席六十寿辰,各兄弟国家开始筹备庆祝活动

1949 年《人民日报》关于
毛泽东主席访苏的报道

和祝寿礼。10月27日,外交部发给驻朝鲜使馆的一份电报中有如下记录:"关于朝方正准备毛主席六十寿辰礼物事,请你正式告朝外务省,说你收到国内通知,毛主席六十寿辰,遵主席指示,我国内将不举行庆祝,我国对各兄弟国家送礼均将一律辞谢。闻朝方正在准备礼物,谨辞谢。"12月16日,外交部副部长伍修权在给周恩来总理的一份报告中谈到苏联关于准备祝寿的情况:"华司考参赞以个人名义告我:苏共中央最近决定还是要庆祝毛主席六十寿辰,届时莫斯科各报将登载祝贺的文章并将向主席赠送礼品。同时驻北京的苏联对外文化协会将举行小型会议以示庆祝,华司考本人将出席讲话。"周总理在报告上批示:"告伍找华司考一谈,告以中国(共产)党不举行祝寿,因此请其在京以不举行会议为好。各兄弟国首都如有庆祝,我使节被邀可出席但不讲话。"尽管中方与毛主席本人一再声明不举行祝寿活动,但各兄弟国家还是向毛主席发来贺电及赠送了祝寿礼,其中尤以民主德国最为隆重。皮克总统赠送了瓷器(六人餐具)二匣,德国统一社会党中央赠马克思塑像一个、音乐柜一个(内有收音机、留声机和录音器),民主德国政府则赠送了一架电子显微镜给毛泽东。这架显微镜体积庞大,使用电力驱动,被分装在12个箱子中从德国运来。经毛泽东指示,显微镜交由中国科学院物理研究所使用,这也是当时科学院的第二台电子显微镜。在10月8日的交接仪式上,民主德国驻华大使发表了热情洋溢的讲话,郭沫若代表毛主席接收了仪器,并肯定"这一珍贵礼品的赠送,非但表现了(民主)德国政府和人民对我们伟大领袖的热爱,同时还表现了(民主)德国政府和人民对我们进行社会主义建设事业的无限关怀"。

1953年12月,朝鲜平壤市全体市民赠毛泽东的嵌螺钿长方漆盒,以庆祝毛泽东主席60寿辰

1964年4月17日是赫鲁晓夫七十岁寿辰。4月16日,我党和国家领导人毛泽东、刘少奇、朱德和周恩来联名向赫鲁晓夫发了贺电,表示:"尽管目前我们同你们之间存在着关系到马克思列宁主义一系列原则问题的分歧,存在着不团结的状态,但是,我们坚决相信,这只是暂时的。一旦世界发生重大事变,中苏两党、两国和我们的人民就会站在一起,共同对敌。让帝国主义和各国反动派,在我们的团结面前颤抖吧,他们总是会失败的。"中国外交部也发电给各驻外机构,统一关于对待赫鲁晓夫寿辰的应对措施:"一、不向驻在国的苏联使馆写贺信、送花篮,不登门祝贺,见面时不作口头祝贺。二、驻在国官方或苏联使馆举行祝寿活动,如邀请各国使节参加,我馆长可应邀参加。在祝寿的集会上,如驻在国领导人或苏联大使在讲话或祝酒中,对我领导人指名攻击,我当场不抗议,不退场。但可向周围人士表明,这是恶劣的侮辱,绝对不能同意。驻在国的攻击,事后由大使或参赞到外交部抗议,苏方攻击,由大使向苏大使抗议……四、修字号国家使节如发起搞社会主义国家外交团集体祝寿活动(如招待会、写贺信、送花篮等),无论有无南斯拉夫,我均不参加……五、如我大使为外交团长,不主动组织集体祝寿活动。如有人倡议,我可借故推掉,不出面组织……七、修字号国家党政领导人率代表团前往苏联参加祝寿活动,有别于一般国事访问,我大使、代办不参加迎送。"

我驻苏联使馆向外交部和中联部报回了苏联群众对赫鲁晓夫祝寿的反应,认为他"是无功受勋,搞个人迷信"。

"列宁格勒大学一实验员说:'战争中牺牲了的英雄、斯大林都没得四个勋章,他这个混蛋为什么得四个勋章!'……莫斯科大学工程物理学院几个大学生一起议论赫鲁晓夫为什么得了第四个勋章,说:'鬼知道,卫国战争中的中将怎么能起到那么大的作用!''农业上也没成就,不应该得勋章'。""少数人为赫鲁晓夫捧场,但也遭冷遇:核子所一苏联人建议庆祝赫鲁晓夫得勋章,另一苏联人反对说:'有什么值得庆祝的,他爱发几个就发几个。'莫一工人建议为赫鲁晓夫生日喝酒,另一工人拒绝并讽刺地说:'连酵母都没有,还喝什么酒'。"

礼品清单上的中苏关系嬗变

1957年11月,为祝贺十月革命四十周年,毛泽东率领中国政府代表团前往莫斯科祝贺,并向苏联政府赠送了精心准备的礼品。根据解密外交档案记载,这份国礼共有十份,包括"苏维埃社会主义共和国联盟国徽"、上海毛绣《列宁在拿兹里夫》、国画《岱宗旭日》和《松柏长春》、《牡丹、和平鸽丝绣大屏》、清代古瓷"清乾隆青花釉里红龙天球瓶"、"清乾隆粉釉百鹿尊"等六件,以及表现苏联援助成就的十七件援建项目模型,如"长江大桥"、"第一汽车制造厂"、"喷气式飞机制造厂"等。

当时的中苏关系因1956年苏共二十大赫鲁晓夫全盘否定斯大林等原因已处于非常微妙的阶段,但中国仍然向苏联表达了真诚的感谢和祝贺。在"第一汽车制造厂模型"说明中,有如下文字:"第一汽车厂的建成为中国汽车工业奠定了良好基础,为中国汽车工业发展创造了有利条件。第一汽车制造厂已开工生产并且生产水平已达到设计能力的标准。这巨大的成绩是与伟大的苏联人民无私援助和共产党领导的社会主义国家亲密团结友谊分不开的。"毛泽东在庆祝十月革命四十周年大会上,热情洋溢地赞颂了苏联在四十年中所取得的辉煌成就,"向伟大的苏联人民、苏联政府和苏联共产党致热烈的兄弟般的祝贺",中苏缔结的友好同盟互助条约是"两个伟大社会主义国家伟大同盟","我们同苏联和整个社会主义阵营共命运,同呼吸。我们认为:增强以苏联为首的社会主义各国的团结,是一切社会主义国家神圣的国际义务。"

1960年11月5日,刘少奇和邓小平、彭真、杨尚昆率领中国党政代表团飞抵莫斯科,出席在苏联莫斯科举行的八十一国共产党、工人党代表会议,然后参加苏联十月革命四十三周年庆典。此前七月,苏联突然单方面撕毁合同,撤走专家并停止供应中国急需的重要设备,中苏关系急转直下。刘少奇此次访苏,一方面,是要在重大问题上继续坚持原则,另一方面,又要顾全大局,维护国际共产主义运动的团结,同时,还要努力缓和中苏之间的紧张关系,任务十分艰巨。

4月18日,外交部上呈中央关于"刘主席访问苏联及东欧各国赠送礼品方案"的报告,将赠送苏联部分的礼品分为五级:最高的甲级有2份,送党的第一书记和国家元首,每份价值5 000—10 000元,如双面绣屏风、红木嵌银丝立灯、景泰蓝鱼缸及名酒、茶叶;最低的戊级100份,每份价值50元左右,送有关司、局长及接待人员,有台布、中国剪纸、暖水瓶等。23日,中央办公厅主任杨尚昆在这份报告上批示:"(一)我们多次送给兄弟国家负责人的礼物,都是些不合个人使用的大件工艺品,使受礼人处理这些东西困难。是否还可以再想想,有无其他的东西可送?(二)各级礼品的价值是否偏高?可不可以减少一些,由刘少奇同志访问(开始),树立一个亲切、朴素的作风?"5月27日,国务院发电给北京、上海等11个省市的人民委员会,"为了更能反映我国当前的跃进新形势",要求各地"特制一批朴素、实用和有纪念意义的工艺美术品"。根据档案记载,此次访问的赠礼层级比最初的方案降低了很多,送给苏共中央第一书记赫鲁晓夫和苏联最高苏维埃主席团主席勃列日涅夫的礼品是,男大衣料1块、女大衣料1块、西服料2块、绸缎2块、150支纱府绸1匹和茶叶4听。

1964年10月16日下午3时,中国第一颗原子弹爆炸成功,两小时后周总理向外界公布了这一消息。当天下午5时10分,外交部礼宾司收到了苏联驻华使馆照会:赫鲁晓夫被解职,苏联共产党中央委员会第一书记由勃列日涅夫担任。中共中央决定抓住这一机会来改善已经破裂的中苏关系。11月5日,中共中央副主席、国务院总理周恩来率领的中国党政代表团到达莫斯科。为了准备这次访问,外交部礼宾司参照1957年和1960年我党政代表团访苏时赠送礼品的规格,拟定了一高一低两套送礼方案。第一方案送礼范围较大,从苏共中央主席团委员到普通的接待人员,分别准备了甲(如瓷器茶具、抽纱台布等)、乙(如珐琅烟具、绸缎等)、丙(如钢笔、茶叶等)三个等级的礼物;第二方案仅是向接待中国代表团的副部级以下工作人员送礼,分乙、丁(如毛衣、头巾等)两级。礼宾司在请示中也特别说明:"为了更好配合这次出访工作和制造一些团结友好的气氛,第一方案较好。另考虑到苏联目前微妙的情况,这次采用第二方案也好。究采用何方案,建议代表团到后视情况酌定。至于礼品准备,则按第一方案悉数准备妥带去,可备而不用。"然而,周恩来这次莫斯科之行并未达到预期的目的,中苏关系不仅没有改善,而且继续恶化。

动 物 使 者

熊猫作为中国的国宝,曾多次出国充当友好使者,为发展对外友好关系作出了不可磨灭的贡献,是动物界最著名的"大使"。1972年2月,美国总统尼克松来中国访问,周恩来总理宣布赠送给美国人民的一件隆重的国礼,即来自四川省宝兴县的大熊猫"玲玲"和"兴兴"。4月26日,当"玲玲"和"兴兴"乘专机从北京抵达华盛顿国家动物园时,受到八千余名美国民众的冒雨迎接,开馆与观众见面第一个月,参观者就多达一百余万。如果说乒乓球撬动了地球,开启了中美两国发展正常关系的大门,熊猫赴美则成功地拉近了中美两国人民之间的感情。从1957年到1982年的26年间,中国一共赠送给9个国家23只大熊猫。然而从解密档案可以发现,早在熊猫之前,已经有其他的动物被当作国礼赠送了。

1957年到1982年的26年间,中国共赠送给9个国家23只大熊猫

1954年11月,印度总理尼赫鲁致信周恩来总理,信中写道:"我感谢您在我的生日致我友好的来信,我十分珍视这一来信。我到您的伟大国家的访问是我一生中值得记忆的事件,并且我相信这个访问对促进印度和中国之间的友谊和合作已有所帮助,这种友谊和合作对我们两国以及亚洲和世界的和平是如此的必要。谨致以我的良好的愿望。我非常感谢您送给我的梅花鹿、丹顶鹤和金鱼等礼物。我相信印度儿童将很高兴看到这些礼物,并且每当他们看到这些礼物的时候,将想起您的伟大的国家。"

1953年4月,越南民主共和国(北越)越中友好协会向毛泽东主席赠送了两头大象,以表达对毛主席的敬爱之情,并祝福毛主席"健康长寿,领导中国人民抗美援朝取得胜利,建设新中国取得成功,加强和保卫亚洲和世界和平的力量"。同年6月,印度总理尼赫鲁赠送一头名叫"阿萨"的大象给中国儿童,时任文化部副部长、印中友好协会主席的丁西林代表中国政府接收,这头大象最后被安置在北京西郊公园(1955年更名为北京动物园)饲养。

1957年尼泊尔国王马亨德拉赠送了一对犀牛给中国政府,也安置在北京动物园。其中名叫"香蒂"的雌性犀牛因患急性肠炎于 1960 年 1 月死亡。3 月,尼泊尔王国政府代表团访问北京时参观动物园,了解到"香蒂"死亡的情况后,随即表示可补送一只雌性犀牛,以便给另一只雄性犀牛"香卡"配对。北京市园林局就此专门发文给外交部礼宾司,请示外交部与尼驻华使馆商洽接收事宜。在解密档案里,园林局在发文后还报送了"香蒂"到京后详细的饲管情况、死亡报告和解剖记录,可见园林局对作为"国礼"的动物们还是格外的给予照顾。

外事交往中,"动物使者"们不仅只是增进两国间的亲近感,有时还能创造特别的会晤机会。1962 年 5 月,缅甸领导人奈温(1962 年 3 月 2 日,由于不满吴努领导的政府对少数民族叛军作出让步,奈温发动不流血政变上台,自任缅甸联邦革命委员会主席、政府部长会议主席(总理)兼国防部长和国防军总参谋长,开始长期的执政,控制缅甸政坛达 26 年——作者注)委托为他治病的中国针灸名医孙振寰大夫,向毛主席等我国家领导人赠送了六篓水果。我驻缅使馆发电报建议陈毅副总理写信给奈温表达谢意,并以周总理夫妇名义再送些金鱼(据电报记载,当时奈温在为孙大夫饯行时,曾提到他养的金鱼已死)。外交部相关部门受礼宾常规的约束,未能重视使馆的意见,于 5 月 16 日复电使馆,认为"对方只是送水果并未附信函,陈总不必去信,只请驻缅大使李一氓代表我国家领导人向奈温口头表示谢意和问候"。5 月 19 日,李一氓大使专门写信给外交部副部长耿飚,详述建议陈老总写信及送金鱼给奈温的理由:"现在见奈温颇不容易,我们想制造一些机会,要求见奈温,见到后可能从他口中,谈出些什么。"并直抒:"把外交看得如此呆板,就削减了我个人的活动机会。现在情况,无任何社交场合可以看见奈温。"耿飚在信函上批示:"李大使这个意见,请礼宾司和一亚(第一亚洲司——作者注)办,我看为了他工作的方便,可以陈总名义写封信去。有道是礼多人不怪,何况奈温今天已是国家元首了。"5 月 22 日下午,李一氓大使送给奈温各色中国金鱼 200 尾,并附送了饲养金鱼的说明。奈温向李大使详谈了他与老挝领导人富马、富米和美驻缅大使有关老挝问题的几次谈话,最后还说到,"一个半月前左右,吴庭艳(南越领导人——作者注)给了我一封长信,中心意思是说中共和北越军队干涉南越,要求我出面谴责国际共产党人。我没有理睬,把信搁一边了。"李一氓大使用金鱼作礼品既联络了感情,又从谈话中了解到很多重要信息。

以 民 促 官

1955 年 8 月,日本恢复日中、日苏邦交国民会议代表团访华,该团团员小畑忠良带来日本出席万隆会议代表团团长高碕达之助致周总理的信函和两个日本景泰蓝花瓶。信函中说:"回忆今春在万隆会议之时,承蒙教言实铭心怀,并承赐佳珍拜

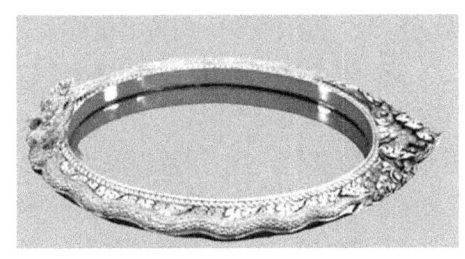

柬埔寨西哈努克亲王访华时，赠毛泽东的木雕蛇纹边镜子

领之余益深感激。无奈当时会议之日程甚短，回国益甚仓促，因此未得获暇畅谈并告辞实为怅恨。"周恩来总理与高碕达之助在万隆会晤，并向高碕达之助赠送了排花台布、雕漆捧盒等礼物。周恩来在万隆会议中展现的高超的谈判艺术和外交家的个人魅力使高碕达之助折服。高碕达之助后来与廖承志谈到亚非会议对他产生的巨大影响："这次万隆会议，使我的一生发生了转变。我对政治外交产生兴趣，实际上是从这次万隆会议开始的。"

高碕达之助（TAKASAKI TATSUNOSUKE），日本大阪府人，时任自民党国会议员，是"日本的大资本家，又是经济、政治界的活动人物。身兼数十个企业组织的重要职务，还参与制订政府的经济政策并经常参加对外活动。他所经营的企业与国内的渔业、钢铁垄断资本家有密切联系，同时也得到渴望打开中日贸易的关西纺织、钢铁、贸易等大资本家的积极支持"。高碕达之助与中国的关系很深，早在1939年就出任伪满的"满洲重工业开发公司"总裁及伪满的政府经济顾问，并参与制订伪满"产业五年计划"。日本投降后任"满洲日本人救济会"会长。长春解放后，一度被我留用，任东北产业调查所副所长。国民党占领东北期间，任国民政府资源委员会顾问。1947年底返回日本。

1960年10月12日，周总理与访华的高碕达之助进行了一次长达四小时的会谈。高碕谈到了中日、日美及中美关系，"日本目前还没有完全独立。总理说这一点我们的看法是一致的。从1895年后的半个世纪中，日本对中国采取了军国主义的、帝国主义的侵略政策，给中国带来很大麻烦，日本自己也进行了深刻的反省……十五年前，我们认为一定要承担战争的严重后果，缔订很苛刻的和约，甚至日本男人差不多都会被送到西伯利亚，没有想到联合国对日本这样宽大，而且战后日本人的生活水平还超过了战前……日本人都想同六亿五千万中国人民促进友好关系，并以实际行动表示赔罪。目前日本应该在得到美国的完全谅解下，尽快同中国恢复邦交，这是日本负有责任的应该采取的态度"。高碕还分析了日本政坛内所谓亲美派和亲中派政治立场。周总理不同意高碕关于中日美关系及日本政治立场的部分表述，指出："我们对日本的态度很清楚，并不要你们敌视美国，亲中国。我们支持日本人民反对美国侵略和压迫，使美国撤退在日军队和军事基地，和美国平等往来，根据万隆十项原则，和平共处五项原则，和中国及一切国家建立友好关系。"

高碕达之助晚年致力于中日友好事业，曾任日中综合贸易联络审议会会长，积极促进中日贸易。1962 年率代表团访问中国,签订了发展两国民间贸易的《中日综合贸易备忘录》。1964 年 8 月在北京和东京分别设立"高碕达之助事务所"和"廖承志办事处",为发展中日贸易和增进中日友好作出了重要贡献。

越南民主共和国主席胡志明曾长期在中国学习和工作,对中国及中国人民充满深厚感情。1961 年 6 月他在《北京周报》英文版第 22 期上看到我国安徽省阜阳县一个人民公社的社员谭雪英一胎生四子的消息后非常高兴,便送给谭雪英一张签名照片和一块越南绸缎以示祝贺。外交部收到驻越南大使馆转来的礼物后,经安徽省外办送给了谭雪英。谭雪英写了感谢信并寄送了母子合照给胡志明主席。1962 年 5 月,胡志明主席在《云南日报》上看到云南巍山彝族回族自治县营盘公社社员余阿应一胎生下三男一女的消息后,也送了签名照片和一块越南绸缎表示祝贺。

中国与缅甸自古以来就亲仁善邦、共饮一江水,两国边民素有"胞波"情谊。1960 年 10 月 1 日,《中华人民共和国和缅甸联邦政府边界条约》在北京签订,条约使两国的全部边界正式划定,标志着两国友好关系的进一步发展,对维护亚洲和世界和平作出了巨大贡献,同时也为我国同邻国解决边界问题提供了良好范例。此前的 8 月份,缅甸政府向居住在中缅边界上的中国居民赠送了两千吨大米和一千吨食盐。为表示友好和庆祝边境条约的签订,云南省建议我方也相应赠送一批礼物给缅甸边民。因当时我粮食供应紧张,最好选择送生活用品。8 月底,周总理在致缅甸总理吴努的信中正式提出要在明年(1961 年)初访问缅甸时,赠送中缅边界上大约 120 万缅甸边民花布 240 万公尺和瓷盘 60 万个。信中还提到这批礼品将于 12 月 15 日前从畹町运抵缅甸政府所指定的边境地点。

1961 年 2 月缅甸联邦政府总理吴努赠毛泽东主席的凤首箜篌

根据解密档案记载,240 万公尺花布由商业部布置给上海生产,瓷盘最初计划由云南省负责生产 40 万个,湖南和河北两省各生产 20 万个共计 80 万个(其中 20 万个备损耗用)。但因当时云南省生产技术较差,运输能力也不足,最终确定只负责生产 36 000 个,其他的全部交由湖南和河北生产。11 月 3 日,除了云南省生产的瓷盘,其他瓷盘和花布由对外贸易公司租用的丹麦货轮自上海启运,于 12 日运抵仰光,之后由缅甸协助将礼品运到中缅边界,中方承担运输费用。云南省生产的瓷盘于 11 月 20 日运抵缅甸芒友。在交接仪式上，缅方代表瑞上校讲话强调中缅友谊，并祝贺边界条约签订，他说："历史上遗留下来的中缅边界问题在我们这一代得到顺利解决，给东、西方国家解决国与国之间的问题做出了光辉的榜样。"

与埃及建交二三事

唐 军

埃及,是同新中国建交的第一个阿拉伯国家。双方的建交曾受到某些西方国家的干扰,经历些许波折。但睿智的双方领导人共同创建了先民间后官方,先文化、经贸后建交的新模式。笔者特地查阅了外交部的相关解密档案,撷取那段峥嵘岁月中的些许点滴撰文纪念。

一起交通事故,一场虚惊

1955年5月18日晚10点20分,北京,长安街北京饭店门前路口,虽然下着大雨,但交警张敬墀仍像往常一样站在马路中间认真地指挥着来往车辆。这时,一辆自西向东驶来的黑色吉姆牌轿车打着左转向灯缓缓停靠在路口,张敬墀看看前后附近并没有直行车辆,便以大回转手势示意该车转弯通行。吉姆车开到了路中央,这时张敬墀突然发现一辆道奇牌军车由东向西正快速驶来,他急忙一面打手势,一面大声喊叫,试图使军车停下,但军车并没有减速,只听见"砰"的一声响,军车一头撞在了吉姆车的右侧中部。

这辆车号为"一·〇三四五二"的黑色吉姆牌轿车被撞的消息第一时间报到了总理办公室。当获悉车内的人并无大碍时,周恩来总理不禁长吁了一口气。一起普通的交通事故为何引起相关部门高度重视,迅速上报,又引起周恩来总理极大的关注?原来,吉姆牌汽车是埃及政府首次派出的访华代表团所乘坐的汽车,车内坐着代表团成员——宗教事务部长巴库里和开罗大学教授卡迈尔。当时,埃及和新中国尚没有建交,根据外交部解密档案记载,他们此行担负着特殊的使命——实地了解新中国,探讨与新中国建交的可行性。

巴库里和卡迈尔乘坐的车被撞后,经初步检查,除卡迈尔手背擦破了一点皮外,二人均无大碍,巴库里表示:我很好,只有点头晕。

根据周总理的指示,协和医院的专家对巴、卡进行了全面的身体检查,二人平安无恙,众人悬着的心这才放下。

事后经北京市公安局调查,事故的主要原因是军车司机麻痹大意,加之大雨,他视线不清。

巴库里的座车被撞,幸好未造成严重后果,否则有些人又要大做文章了,这就不得不说到解放初期发生在南京的一件事。

1950年9月3日晚上11点,三个歹徒手持刀枪突然闯进南京市前埃及驻华使馆代办阿巴提的住宅,被阿巴提发现,穷凶极恶的歹徒连刺阿巴提几刀后仓皇逃走。阿巴提经全力抢救,才脱离危险。

这起震惊全国的新中国成立后的首宗涉外劫案很快被侦破,原来是国民党特务组织得知埃及使馆藏有大量黄金、美钞,便策划了这次行动,除计划筹集一部分反革命活动经费外,更妄图给新生的革命政权造成恶劣的国际政治影响。12月2日,三名主犯及特务组织头目被执行死刑。

但直到1954年,在埃及,仍有个别对新中国抱有很深成见的人士,在讨论埃中建交问题时,屡屡提及此事。可想而知,如果巴库里在中国出了事,他们又会要怎样地不依不饶。

中埃交往源远流长

埃及是四大文明古国之一。公元前3200年出现奴隶制的统一国家,当时国王称法老。公元614年,阿拉伯人入侵,推行"阿拉伯化"。1517年被土耳其人征服,成为奥斯曼帝国的行省。1882年被英军占领。英取消奥斯曼帝国对埃及的宗主权,宣布埃及为英"保护国"。1922年2月28日,英宣布埃及为独立国家,但保留对国防、外交、少数民族等问题的处置权。

1952年,以纳赛尔为首的自由军官组织推翻法鲁克王朝,成立革命指导委员会,掌握国家政权。1953年宣布成立埃及共和国。1958年2月同叙利亚合并成立阿拉伯联合共和国。1961年,叙利亚发生政变,退出"阿联"。1971年9月1日改名为阿拉伯埃及共和国。

中国与埃及同为文明古国,千山万水隔不住两大文明的友好交往。早在公元前11世纪,中国西周的丝绸就经过中亚、西亚,辗转运抵埃及。西汉张骞出使西域后,彼此的交往增多,在《史记·大宛列传》中有汉武帝派使臣到黎轩(即埃及的亚历山大城)的记载。据《后汉书》记载,公元120年,西海(亚历山大城)杂技和魔术演员抵达洛阳,登台表演。到了明朝,中、埃间政治经济交往日益增多。郑和七次下西洋,最后一次船队到达埃及的艾得哈布。

1949年中华人民共和国成立,埃及国内普遍主张立即承认新中国,但埃及法鲁克王朝政府却举棋不定。1950年朝鲜战争爆发,在西方的压力下,埃及在对华政策上追随西方,继续与逃亡台湾的国民党政权保持"外交关系"。

埃及共和国成立后的1954年,埃及曾通过第三国试探可否在其与台湾保持外交关系的情况下向中国派出总领事。周恩来总理表示不能接受这种等于承认"两个中国"的做法,提出可以考虑埃及派贸易代表以半官方身份常驻。

万隆会议奠定中埃交往基调

1955年4月18日至24日,亚非会议在印度尼西亚万隆召开(又称"万隆会议")。这是亚非国家在民族解放运动蓬勃发展形势下,第一次召开的没有西方殖民国家参加、自主讨论切身利益问题的国际会议。

周恩来总理在会议上发表了被外界称为"求同存异"的18分钟发言,奠定了会议成功的基础。最后,与会各方对殖民主义问题达成了一致协议:宣布殖民主义在其一切表现中都是一种应当迅速予以根除的祸害,通过了《亚非会议最后公报》。纳赛尔曾公开地对记者说:"我喜欢他的演说。"会议期间,周总理设宴招待埃及代表团,也出席了纳赛尔举行的宴会。通过会谈,纳赛尔了解了新中国的宗教政策和外交政策,弄清了中国共产党"不输出革命"的立场,消除了受西方媒体恶意诬蔑而对中国产生的误解和疑虑。关于中埃建交,纳赛尔谈了当时埃及的处境——同台湾当局断交困难,希望中国能予以谅解。

1956年9月,埃及首任驻华大使拉加卜向毛泽东主席递交国书仪式

纳赛尔也向周总理介绍了由于帝国主义垄断控制棉花市场,打压棉花价格,埃及蒙受巨大损失的情况。周总理表示,中国愿意帮助埃及,如果每个中国人多消费些棉花,埃及每年生产的棉花还不够。通过协商,周总理与纳赛尔原则同意先从两国贸易往来开始,逐步使两国关系正常化。

根据周总理和纳赛尔的指示,对外贸易部部长叶季壮和时任埃及工商部副部长的努赛尔在万隆就发展中埃两国贸易的具体问题进行了商谈,并达成了协议:

一、安排相互间的友好访问：中华人民共和国政府欢迎埃及共和国政府派贸易代表团来中国，随后，中华人民共和国政府也将派贸易代表团访问埃及共和国。

二、在最近期内商订中埃两国政府之间的贸易协定和支付协定。协定的内容主要是规定两国进行贸易的一些原则，如贸易额、货单、支付办法、交货条件、仲裁检验、转口等。以便利今后两国贸易的开展。

三、同意两国政府互设商务代表机构，至于名称、组织等可进一步商谈。

四、我们同意去埃及共和国举办中华人民共和国出口商品样品的展览，我们也欢迎埃及共和国来中华人民共和国举办同样性质的展览。

埃及首次派出正式政府代表团访问新中国

通过与周恩来总理的接触，纳赛尔对新中国有了初步的良好印象。为对社会主义的新中国有一更全面的了解，亚非会议一结束，纳赛尔便派参加会议的宗教事务部部长巴库里以及开罗大学教授卡迈尔（访华结束后，即任埃及驻伊拉克大使）作为埃及政府的代表正式访问中国。

周恩来总理与埃及总统纳赛尔(左)、印尼总统苏加诺(中)会谈

1955年5月14日，巴库里和卡迈尔由香港抵达深圳，随即乘火车赶赴广州。在广州停留一晚，15日下午，埃及政府代表团抵达北京。

中国政府热情接待了远道而来的两位埃及客人。外交部解密档案中的外宾接待计划披露了接待工作的具体安排：

我们对这两人的招待应采取热忱、友好的态度，尽可能满足他们参观访问的要求,在生活上则要严格注意尊重他们伊斯兰教的习惯,特别是现在斋月期间的习惯。

生活待遇方面:

1. 分住北京饭店特等房间;
2. 食:按甲等标准,每天主副食共八元(完全按照伊斯兰教习惯);
3. 在京活动时,租座车供其使用。

16日,周恩来总理接见了巴库里一行。当会谈快要结束时,巴库里向总理提出要求以埃及宗教事务部的名义将1 000英镑捐给中国的伊斯兰教贫穷信徒,另1 000英镑捐给不信教的贫穷人民。周总理表示:我们一般是不接受外国的救济捐款的,但因为这笔款项代表着埃及人民的友谊,特别因为是由埃及宗教事务部捐赠的,所以我们可以接受,并表示谢意,允将该笔捐款分别交由中国伊斯兰教协会和中国人民救济总会负责处理。

巴库里作为宗教事务部长,十分重视宗教问题。抵达北京的第二天,即16日下午,他便急切地前往牛街回民聚居区参观。在回民学院,他来到一个教室,随机找了两位同学请他们写阿拉伯文,又到另外一个教室请学生们念古兰经,看到学生们能写能读,他十分高兴。当走进牛街清真寺的教徒沐浴室,看见屋内生了火,有冷、热水,又有洗澡用的汤瓶,巴库里笑着对陪同人员说:现在他才相信中国有宗教信仰的自由。

随后几天,埃及代表团出席了民族事务委员会、中国伊斯兰教协会、文化部等部委召开的座谈会,听取了国家计委关于中国经济建设的情况介绍,并访问了北京大学和民族学院。不过,访问期间有些许波折,即本文开头提到的撞车事故。幸好,一切安然。23日,巴库里和卡迈尔赴新疆参观访问。5月28日,巴、卡二人回到北京。28日和29日,文化部代理部长钱俊瑞与巴库里就中、埃文化交流问题进行了会谈。经友好协商,双方签订了中、埃两国文化合作会谈纪要,主要内容有:

一、埃方派遣阿拉伯语文教授或讲师

中方欢迎埃方于1955年秋季派遣教授或讲师二人来中国任教,任期一至二年。

二、埃方派遣历史学者来华

中国科学院邀请埃方派遣一位埃及古代史专家于1956年4月间来华,作为期8周至12周的访问讲学。

三、埃方派遣考古学者

中国科学院邀请埃方派遣有发掘和鉴定古物经验的考古学专家一人来华作为期一年的研究和讲学工作。

四、中国伊斯兰教经学院邀请埃及教员

正在筹办中的中国伊斯兰教经学院，邀请埃方派遣二至三名中学教员在1955年9月来华任教。其中有一至二名教阿拉伯文，一名讲伊斯兰教义。任期为一至二年。

五、中方派遣语文讲师

埃方邀请中方于1955年10月派遣一位中国语文讲师去埃任教，任期为一至二年。

六、互派留学生

双方今年互派留学生五至七名。

七、互派文化艺术代表团

中方建议埃方于9月间派遣一个歌舞团来华。中方可于10月间派遣一个歌舞团去埃及。

八、文化资料的交流

（一）互相交换电影片

（二）互相举办美术品展览会

（三）互换书刊资料

（四）互换动植物标本

30日，对外贸易部部长叶季壮与巴库里就中、埃贸易问题进行了商谈，双方再次确认了叶季壮与努赛尔在万隆会议时达成的协议内容。6月2日，巴库里结束了在中国的访问，离开广州回国。

巴库里的访问非常成功，通过这次访问，埃方消除了因西方对新中国歪曲宣传所造成的疑虑，增进了相互了解，促进了两国关系的发展。

8月，巴库里接受埃及《解放》画报的专访，详细描述他访问中国的所见所闻。内容涉及中国回民生活情况、土地改革、公共卫生事业、妇女问题以及文化问题等诸多领域。专访一经刊出，在埃及引起巨大反响。

埃及贸易代表团访华

根据中、埃双方的协议，1955年8月，埃及工商部长穆罕默德·阿布·努赛尔率贸易代表团访华。

访问期间，我对外贸易部部长叶季壮与努赛尔就中、埃两国间的贸易问题进行了商谈。经过友好协商,双方就中华人民共和国政府和埃及共和国政府贸易协定及关于中、埃两国贸易协定第一个协定年度的议定书达成了圆满的协议。

8月22日下午6点举行了协定的签字仪式。

在签字仪式上,叶季壮首先讲话,他强调说:

中埃两国贸易协定和第一个协定年度议定书的签订,表明了两国政府对发展两国经济贸易的真诚愿望,标志着两个古老文明的国家在经济贸易关系的历史上写下了新的一页。它不仅对发展中埃两国的经济有着重要的意义,完全符合中埃两国人民的共同利益和愿望。而且有助于增进中埃两国人民的友好,并有益于亚非地区和世界的和平事业。

……

努赛尔表示了真诚的感谢,在讲话中指出贸易交往对加强双方合作交流的重要:

……

我们的谈判是在极友好的气氛中进行的。双方在实现旨在获致互利的共同目标方面,进行了密切的合作。在中国逗留的日子虽然很短,但我们却看到了伟大的中国人民在发展国民经济方面所作的巨大努力。中国的许多新的精美的产品使我们非常敬仰。我希望这些产品将在埃及的广大市场上获得销路。

根据协定和议定书,继1954、1955年中国进口3 637万美元埃及棉花和棉纱后,1956年中国又购买1 000万英镑埃棉,其中现汇支付590万英镑,这在西方大国因埃及坚持反帝、反殖、维护独立主权而锐减购买埃及棉花数量致使棉花严重滞销的情况下,对埃及是很大的支持。

努赛尔结束访问回到埃及后,中埃双方又通过换文确认了互设商务代表机构的地位和人员待遇问题。

9月14日,努赛尔致函叶季壮:

收到你1955年8月23日函内容如下:

"根据中华人民共和国政府和埃及共和国政府1955年8月22日在北京签订的贸易协定第六条的规定:'为了发展两国的贸易,双方政府同意中华人民共和国政府在埃及共和国设立中华人民共和国政府商务代表处,埃及共和国政府在中华人民共和国设立埃及共和国政府商务代表处。双方政府并同意给予对方商务代表处以应有的尊重,安全的保护和工作上的各种便利。'我荣幸地通知你,中华人民共和国政府同意在相互对等的基础上给予埃及共和国政府商务代表处以下列待遇:

一、商务代表处有权在其办公处建筑物上悬挂本国国旗、国徽。

二、商务代表处的正、副代表及其配偶、未成年的子女享有人身不可侵犯权,不得加以搜查、拘押或逮捕。正、副代表的办公处所、公文、档案及其住所均不受侵犯。

三、商务代表处的正、副代表享有与本国政府及本国政府驻在第三国的使节进行通信的自由,包括使用密码电报和信使的特权。

四、商务代表处的正、副代表按照国际惯例享有不受驻在国刑事及民事裁判的豁免权。

我希望贵国政府给予中华人民共和国政府商务代表处以同等的待遇。"

我很高兴转达我政府同意在相互对等的基础上给予中华人民共和国商务代表处以来信中所述的待遇。我政府进一步准备在相互对等的基础上按阁下原建议给予商务代表以包括一切通常给予商务参赞的特权。

如你政府仍同意此建议,我将感谢阁下对此增加的协议惠予复信确认。

1955年11月9日,对外贸易部代理部长李哲人复函努赛尔:

在相互对等的基础上,双方政府给予双方商务代表以一切通常给予商务参赞的特权。

尽管台湾当局仍在开罗设有"大使馆",在双方领导人达成可靠默契的情况下,中国政府还是与埃及政府通过换文同意在开罗设立上述规格的商代处,以贸易先行,作为建立正式外交关系的第一步,这是新中国外交上的一个创举,对促进双方建立更高级别的往来,具有相当重要的意义。

解密外交档案记载,由于贸易文化交往的顺利推进,1955年11月,埃及工商部长努赛尔已经乐观地预期,埃及将于1956年2月至4月期间承认新中国,因为埃及方面感到:中国和埃及双方已经确定,在1956年中有一系列的政府高层官员出席的高级别的经贸文化交流,如果埃及和中国届时尚未建交,将会非常棘手。努赛尔强调:"埃及在这个时期仍有着蒋介石的大使乃是不可想象的。"

中埃两国正式建立大使级外交关系

1955年11月,中国政府任命李应吉、张越为驻埃及商务代表处正、副代表。

李应吉,原名郎汉初,海宁斜桥人。时任对外贸易部财会局长。张越时任外交部西欧非洲司副司长,据他回忆,他对出任副代表一职事先毫无思想准备。根据巴库里访问中国时签订的文化合作会谈纪要,1955年11月,教育部选定五名学生和一位教授赴开罗大学学习阿拉伯文和教授汉语。出发前夕,周恩来总理亲自接见了他们。接见时,张越也在座。总理仔细询问了教授和学生的情况,对他们说,你们现在去埃及,那里一无亲二无故,有事情谁来照顾你们呢?我看还是等我们的商务代表处设立后再去吧。总理问对外贸易部部长叶季壮,咱们代表处的班子组织得怎样了?叶答,还没有找到一个有点外事经验的人。总理当即指着张越说,张越去!

12月24日,李应吉、张越率商代处人员赴开罗。

1956年1月26日,纳赛尔接见了李应吉和张越,李应吉转达了周总理对他的问候,递交了周总理的亲笔信。

纳赛尔说:埃、中两国都是爱好自由和世界和平的国家,目前埃、中两国间不但有经济关系在,还有文化关系,我们两国的关系将继续增进和发展。

1956年1月,中国驻埃及商代处正式成立。2月,埃及驻华商务代表米德哈特·埃尔·法尔抵达北京并建立了商代处。

此后,双方交往频繁。正如纳赛尔所说,中、埃两国关系"继续增进和发展",建交时机已然成熟。

解密档案记载,埃及总统纳赛尔1956年5月在接见中国代表团时说,"承认中国早已不是原则问题而是时间问题。过去几个月没有做这件事,我是想使西方国家少援助以色列,以便保持巴勒斯坦地区的安静,但是这些大国不想同埃及做朋友,而是向以色列继续大量提供军火。在此情况下,目前承认中华人民共和国政府是最好的时机。"

1956年中国文化艺术代表团出访埃及演出时的节目单等资料

1956年5月16日,通过商代处途径,在北京,埃及驻华商务代表法尔拜会周恩来总理并随后递交正式照会:"1956年5月16日(星期三)晚,埃及决定撤销对台湾当局的承认,同时承认中华人民共和国并表示愿意建立外交关系和互换外交使节。"

在开罗,努赛尔和总理办公室主任萨布里约见李应吉,埃及政府正式通知新中国:埃及共和国政府决定撤回对在台湾国民党当局的承认,同时承认中华人民共和国并愿建立外交关系和互换外交使节。埃及政府发言人随即向全世界公布了这一决定。

5月17日，中国外交部发表声明：中国政府和中国人民热烈欢迎埃及共和国政府正式宣布承认中华人民共和国这一友好的表示，希望中、埃两国能够很快地建立外交关系并且互换外交使节。

5月30日，中、埃两国政府发表建交联合公报，宣布正式建立大使级外交关系。7月，中国驻埃及首任大使陈家康到任。9月17日，埃及首任驻华大使哈桑·拉加卜向毛泽东主席递交了国书。

埃及成为阿拉伯和非洲国家中第一个同新中国建交的国家。

中国为何援助鲍威尔揭露美军发动细菌战

亘 火

1956年4月,美国加利福尼亚北区法院南分院,一场即将进行的庭审吸引了全世界的目光。

如果罪名成立,被告将面临260年刑期,13万美元的罚款。

本案的被告——37岁的美国人鲍威尔(John William Powell)被指控犯有"煽动叛乱罪"。他是二次世界大战后,首位被美国政府以此罪起诉的美国人。尽管那是一条针对战争时期背叛行为而制定的罪名,而本案审判时的1956年,朝鲜战争已结束了3年。与他同案的被告,他的妻子西尔维娅和助手舒曼,如果获罪,也将被处监禁和罚款。

鲍威尔和《密勒氏评论报》

1917年6月9日,鲍威尔的父亲老鲍威尔与密勒在上海合办英文周报《密勒氏评论报》(Millard's Review)。1922年11月,老鲍威尔收购了《密勒氏评论报》全部产权,次年改名为China Monthly Review(英文翻译为"中国每月评论",但为了照顾中国读者的阅读习惯,中文刊名未变),将其办成了不受政治势力影响的"独立报刊"。著名的记者斯诺曾长期在《密勒氏评论报》任编辑,该报还发表过斯诺陕北之行的消息以及他与毛泽东会见的报道、刊登了《红星照耀中国》的连载。其客观、公正的报道风格吸引了大量以知识分子为主的中外读者。

鲍威尔1919年出生于上海,后回美国求学,22岁时从密苏里大学新闻学院毕业,供职于美国战时情报局任新闻编辑,次年随情报局参谋班子来到重庆。1945底,脱离了美军的鲍威尔接手了《密勒氏评论报》。1950年将其改为月刊。鲍威尔的妻子——西尔维娅1944年随联合国善后救济总署来到中国,在中国福利基金会工作过3年后同鲍威尔结婚,1949年开始任《密勒氏评论报》编辑。

鲍威尔

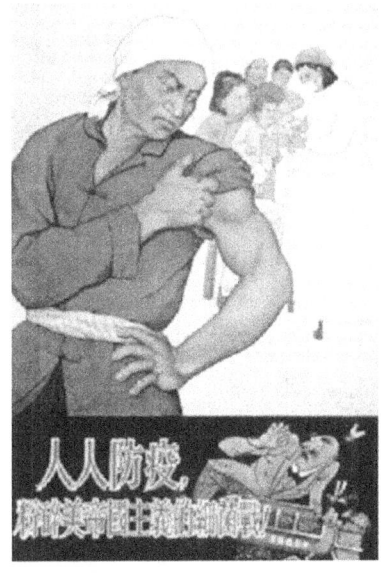
动员群众开展防疫细菌战的海报

除了在中国发行外,夫妇俩办的杂志还通过邮寄的方式在美国、英国和日本发行,在那里有一定的影响力。朝鲜战争期间,鲍威尔继承了《密勒氏评论报》一贯的客观、真实的新闻报道原则,站在公允的立场上,如实报道了战场真相,发表了大量对美国政府的批评报道,被美国邮政局禁止寄往美国,英国和日本政府也禁止该刊物在其国内发行。1953年6月,由于持续的财政亏损,鲍威尔夫妇决定停刊,带着5岁和7岁的两个孩子离开上海回国。

回到美国后,鲍威尔夫妇的麻烦一直不断。从旧金山一上岸,联邦调查局的特工就向他索取有关中国的情报,中央情报局也从他那里打探,并试图招募他为其工作。鲍威尔不但拒绝与政府情报机构合作,后来还公开接受采访,全面比较新中国与蒋介石统治下的民生情况,对新中国赞誉之情溢于言表;他还公开发表演讲,揭露美国在朝鲜战争中发动细菌战、拖延和平谈判等行为。

1954年初,联邦调查局向司法部刑法司建议起诉鲍威尔。同年9月和12月,美国参议院国内安全委员会两次对鲍威尔传讯,鲍威尔始终没有屈服。第一次传讯,鲍威尔在庭上拒绝说明他是否是共产党员,他认识哪些人,或他回国后写过什么文章。出庭后的第二天,鲍威尔对媒体同行发表谈话,断然否认他是或曾经是共产党员,并且补充说,他将不会对参院国内安全委员会做那样的陈述,因为他觉得"整个听审就是一种诱陷程序"。没几天,国内安全委员会又传讯了他的妻子,在这次传讯后不到两个小时,她服务的那个小儿麻痹基金会就解雇了她。第二次传讯,鲍威尔没有出庭。几周之后,鲍威尔在一个公众论坛上出现,主张美国政府应当承认中国并恢复贸易。他还重复了对细菌战的指控，说他曾目睹过支持这些指控的某些证据，这令参议院国内安全委员会坐不住了。

1955年1月，国内安全委员会在报告中断言：鲍威尔传播了反对美国的虚假报道，《密勒氏评论报》受中国政府控制并得其支持，并据此向司法部递交了正式文本，强烈要求起诉鲍威尔。3月20日委员

美军在朝鲜投下的细菌弹

会发表正式报告，指控鲍威尔出卖美国在远东的利益。

不久，司法部代表美国政府，开始了对鲍威尔的指控。鲍威尔被控的"罪状"多达13条，主要有三项：一、在朝鲜战争期间，通过报道传达虚假言论和信息，破坏美国军队行动以及胜利，帮助美国的敌人——北朝鲜以及共产党人；二、故意在加利福尼亚北部地区和美国其他地方分送杂志，企图引发美军不服从、不忠诚、叛变和拒绝执行任务；三、报道美国损失严重；报道美国在朝鲜使用毒气、进行细菌战，还在中国东北继续进行细菌战以及阻挠和平谈判。

起诉书引用了《密勒氏评论报》上的文章作为证据。这些材料涉及几十篇报道。鲍威尔的处境非常不利，只要其中有一篇报道被证明是虚假的，那么他难逃终身监禁的牢狱之灾。

面对指控，鲍威尔可以选择道歉来减免罪责，但这个戴着近视眼镜，身材清瘦的美国人态度异常强硬，坚持要求进行无罪辩护——也就是证明他的每篇报道都是真实的、有根据的。根据中国外交部的解密档案记载，当时，鲍威尔发表了一篇声明，来解释为何会做出这样的选择。

……

我们相信，由于曾在我们办的杂志《密勒氏评论报》上直率地批评我国政府对亚洲，特别是对中国的外交政策，这就招来了这一控告，这始终是一个出版自由的问题。

许多杰出的学者、教授和外事工作人员因政见不同于参议员麦卡锡、真纳、华尔克和依斯特兰而也受迫害，这在我们看来决不是一件偶然的事情。

我们在中国住了十五年，我们觉得我们对在那里发生的事情所说的话是有一定的权威性的。作为训练有素、不愧职业的新闻记者，我们致力于报道事实，并根据这些事实得出我们的看法。我们已经并将继续把我们在那里看到的东西写出

来，说出来。我对这种报业独立性的看法是我从先父约翰·鲍惠(威)尔那里学来的。

……

诉讼开始后，引发东西方两个冷战阵营的格外关注。这场诉讼的难点在于——其时，中美两国交恶，处于冷战时期，鲍威尔的辩护律师如何去中国取得证据、证言，这涉及到没有外交关系的中、美两个大国的交往。这场诉讼的焦点在于——美军和以美军为首的联合国军，是否在北朝鲜和中国实施了细菌战，如何证明鲍威尔没有作虚假报道……

细菌战与联大中的斗争

1950年6月25日，朝鲜战争爆发。中国人民志愿军于当年10月25日参战后，重创以美军为首的"联合国军"，迅速扭转战局。1951年1月1日，朝鲜人民军和中国人民志愿军将"联合国军"击退至"三八线"附近，数月后双方开始谈判，但毫无进展。1952年初，"联合国军"有了新的动向。

从1月27日起，志愿军第42军、第12军、第39军和第19兵团部队驻地相继发现：美机飞过后，出现大量蜘蛛、苍蝇、跳蚤等昆虫的情况。当时正值朝鲜一年中气温最低的季节，针对大量昆虫的反季节出现，志愿军部队初步作出了美军可能发动"细菌战"的判断，除采取初步防疫措施、立即开展昆虫样本的检验外，及时向志愿军总部汇报。

2月17日，志愿军总部得到第12军、第39军、第42军和19兵团报告：防疫专家对敌机投掷的昆虫炸弹的样本进行防疫检验后认为，这些昆虫携带大量病菌，以伤寒、霍乱、鼠疫、回归热的可能性为最高，具体的细菌种类还需培养检验。次日，志愿军第15军报告，该部发生了霍乱、斑疹、脑炎等病症，已有2人死亡。经过20多天的观察和研究，总参谋部作战部综合朝鲜战场情况和来自其他渠道的情报，向周恩来呈送了《关于敌人在朝鲜大规模进行细菌战情况的报告》。同一天，中共中央和中央军委紧急决策：立即在志愿军部队展开反细菌战斗争。

当晚，周恩来总理根据毛泽东主席的指示，确定了六项计划要办的事情：一是加紧对前方送回的昆虫标本进行检验，作出结论；二是立即向朝鲜派出防疫队和运送各种疫苗及各类防疫器材；三是电告朝鲜方面，商请朝鲜政府先发表声明，中国政府随后也发表声明，向全世界控诉美国罪行；四是通过民间组织中国人民世界和平大会向世界保卫和平大会理事会[注]建议，发动世界人民谴责美国进行细菌战的罪行；五是指示志愿军进行防疫动员；六是向苏联政府通报情况，请求予以帮助。

志愿军开展查找销毁细菌弹运动

周恩来确定的事项得到了毛泽东的批准。

2月24日,周恩来代表中国政府发表声明,表示"中国人民将和全世界人民一道,为制止美国政府这一疯狂罪行而坚决斗争到底"。新华社、中央人民广播电台和《人民日报》等新闻媒体也从22日起连续发表消息、社论与评论,揭露美军在朝鲜战场撒播细菌毒虫的情况。民间组织中国人民保卫世界和平反对美国侵略委员会主席郭沫若于25日致电世界和平理事会主席约里奥·居里,控诉侵朝美军进行细菌战的罪行。

整个2月份,志愿军所在朝鲜地区发生了在当地久已绝迹的霍乱、鼠疫等传染病,造成志愿军战士鼠疫患者13人,脑炎脑膜炎患者44人,其他急性病患者43人,其中36人死亡。3月3日,总后勤部卫生部门报告,前方的检疫机构查出,美军投放的昆虫中有鼠疫和霍乱细菌。与此同时,一场大规模的反细菌战运动拉开帷幕。除大量的防疫物品被运往前线外,中方还动员了三个批次近50名中国昆虫学家、细菌学家、防疫学家、病理学家赶赴朝鲜,开展防疫、调查研究等工作。

从2月29日开始,中国东北的抚顺、安东、宽甸、凤城、临江等地区,也发现在美军飞机入侵后,出现了各种反季节出现的昆虫或者羽毛,数名与这些物体接触的中国平民突发炭疽病死亡。

周恩来总理为此事专程召见印度大使潘尼迦。笔者查阅了相关解密档案,在谈话中,周恩来总理希望通过潘尼迦告知美方:中国对东北边境地区发生细菌战

志愿军医护工作者在为朝鲜百姓注射防疫针

事件是无法容忍的。周恩来总理指出,针对美军动用细菌武器的行为,今后凡在中国境内俘获的被击落美机飞行员将一律作为战俘,不予以释放。

面对中国和朝鲜的指控,美国政府不予理会,强调这只是共产党的反战宣传。3月14日,美国务卿艾奇逊称:"我想清晰明确地指出,这些指控是完全错误的,联合国军过去没有现在也没有使用任何种类的细菌武器。"此后,美国向国际红十字会施压,由他们出面向中方和朝方提出,要求允许国际红十字会进入朝鲜战场进行调查,但中朝方面没有予以回应。

1953年4月1日,在联合国第七次大会上,美国向联大提交《公正调查关于联合国军进行细菌战的指控问题》,建议由红十字会、世界卫生组织国际委员,最晚不迟于1953年9月1日到战区进行调查,并建议参战各方给予调查组提供在冲突地区行动的自由,给予对细菌战作出供词的战俘前往中立地区接受调查的方便。对此,苏联表示反对,建议应成立由埃及、巴基斯坦、瑞典和乌拉圭等中立国家组成的调查委员会进行调查,指出联大应该邀请中华人民共和国和朝鲜民主主义共和国政府派出代表出席会议,一同审议提案(当时台湾占据了新中国在联大的合法席位),但遭到联大的否决。在苏联投出反对票的情况下,联大依然通过该项决议。

中华人民共和国外交部就此发表声明指出:没有新中国代表参加的联大会议是非法和无效的;该决议不顾苏联等国的反对,无法体现联大的正义性、合法性。

为了回应美方对于发动细菌战争的否认,从5月开始,中方陆续公布了超过25名美军被俘虏飞行员的供词。他们承认曾参与对中朝两国进行细菌战,3名上校军衔的战俘分别详细供述了美国军方进行细菌战的决策情况,甚至谈到过美军参谋长联席会议决策在朝鲜实施细菌战的过程。这些军官包括美国空军第4战斗截击机飞行大队大队长瓦克·马胡林上校、美国空军第49战斗轰炸机联队副联队长安德鲁·埃文斯上校、美国海军陆战队第一航空兵联队参谋长弗兰克·许威布尔上校。

在陆续公布证据的同时,在世界保卫和平大会理事会的邀请和组织下,由各国

科学家组成"调查在朝鲜和中国的细菌战事实国际科学委员会"也迅速成立并前往中国、朝鲜调查,其成员有:

　　李约瑟(剑桥大学教授、生物化学系主任)
　　安德琳博士(瑞典斯德哥尔摩市立医院管理处中央临诊试验室主任)
　　马戴尔教授(法国格利农国立农学院动物生理学研究室主任)
　　欧利佛教授(意大利布罗尼大学医学院人体解剖学教授)
　　贝索亚教授(巴西圣保罗大学寄生物学教授)
　　茹科夫·维勒斯尼科夫院士(苏联医学科学院副院长兼细菌学教授,曾任审讯日本细菌战犯的首席医学专家)
　　葛拉求西博士(意大利罗马大学微生物研究所助教)等

　　经过细致缜密的现场调查后,9月,委员会用4种语言发表了600多页的"李约瑟报告"(因报告的封面是黑色的,又被称为"黑皮书"),得出的结论是:"朝鲜及中国东北的人民,确已成为细菌武器的攻击目标;美国军队以许多不同的方法使用了这些细菌武器,其中有一些方法,看起来是把日军在第二次世界大战期间进行细菌战所使用的方法加以发展而成的。"

中方发起的声援鲍威尔活动

　　早在鲍威尔刚受指控不久的1955年5月,根据外交部解密档案显示,新闻司司长龚澎便专程将鲍威尔事件的详细情况上报给周恩来总理兼外长。经过中央研究决定,由中国人民保卫世界和平委员会出面,声援鲍威尔,向全世界人民揭露美军发动细菌战的事实真相。

　　此后,新华社、《人民日报》发表了世界和平理事会理事宋庆龄致美国《民族》周刊的公开信,谴责美国当局对鲍威尔等人的迫害。由16名中外著名人士组成的"声援鲍威尔委员会"随之在北京成立,他们举行记者招待会,动员中外力量,为报刊撰写文章揭露事实真相。

　　1956年4月,鲍威尔被正式起诉后,为了证明自己的文章不是编造的谎言,即给在上海的中国福利会工作的美籍人员谭宁邦写信,要求寄送有关朝鲜战争及细菌战的材料。谭宁邦把信转给了中国人民保卫世界和平委员会。

　　7月12日和7月25日,鲍威尔的律师华尔克尔两次致函中国人民保卫世界和平委员会联络部副部长唐明照,要求唐本人找直接参加过板门店谈判或熟悉谈判情况的人、亲见美机投细菌弹的人,以及能证实细菌战的科学家一并作证或提供书面证词。

中方立即做出回应,公布了一个五十人的证人名单(后来这个名单增加到近一百名),说明他们愿意在北京作证。据外交部的档案记载,这些证人有:

证明细菌战者48人。

证明美国侵略行为者5人:傅作义、翁文源、冀朝鼎、T. C. Tsao、梅汝璈。

证明美国破坏朝鲜停战谈判的一般背景情况者6人:乔冠华、黄华、解方、贝却敌、朱启平、魏巍。

证明被告无犯罪意图者21人:丁光训、邓裕志、涂羽卿、艾黎、刘良模、赵朴初、赵紫宸、曹未风(英语教员)、陈翰笙、金仲华、黄佐临、刘尊棋、梅汝璈、马寅初、丹尼(黄佐临之妻)、王逸惠(西安医学院院长)、沈体兰(前上海麦伦中学校长)、江文汉(青年会干事)、梁士纯等。

在中国方面积极援助鲍威尔的同时,一个难题始终困扰着鲍威尔的另一位律师威林。因为以一个美国公民的身份进入中国,在当时中、美双方政府都是禁止的。

从维护中国自身利益的角度出发,1956年8月,中国开放了禁止美国记者进入中国的禁令,允许他们前来采访。但美国国务院拒绝向18名申请访华的记者发放护照,还声言,如果有人违反禁令,私下前往,将被处以5年以下徒刑或2 000美元以下的罚款。在鲍威尔的律师要求来华研究证据问题后,中方于12月12日通过唐明照回电同意对方的请求。但美国政府拒绝向威林发放护照,因为美国务院认为,如果发放护照,就等于是承认红色中国,向共产主义低头。

走投无路的威林向法院提请控方撤诉,理由是美国政府拒绝签发护照给他,剥夺了宪法赋予被告为自己辩护进行准备的基本权利,这是一场不对等审判,与政治迫害无疑。联邦法官古德曼对此做出了判决。合众社报道说:

联邦地方法官路易斯·古德曼判决,如果美国国务院不容许在共产党中国和北朝鲜收集被告的证据的话,十八个月之久的鲍惠(威)尔谋叛案将在三十天以后取消。

古德曼在对被告要求撤销控诉的动议发表意见时指出,被告已经提出了在中国和朝鲜一百名将来的证人的名字,据说,他们可以证明关于由被告所作的杂志文章的真相。他说,这些国家是"最有可能提供被告证据的地方……辩护律师到中国和北朝鲜为审讯进行准备的必要性已经十分明显"。

古德曼法官把"解决护照问题"这个皮球踢给了美国政府。在作出判决后,古德曼还表态,其本人并不怀疑美国政府"拒发护照"的政策是明智的,但是,被告"在宪法上有权利提出证据"的权益也应该保障。

消息一出,美国国务院顿时歧意纷纭。支持发放护照派认为,应当让威林去中国,维护美国"司法公正"的形象比维护总统和国务卿的决定更为重要。反对派认为,即使撤诉,美国声誉受损,也不能开创"一个法官都能废除总统和国务卿决定的先例"。

最后,国务卿杜勒斯做出了裁定:"给威林发护照的这个决定,丝毫不影响禁止去那些国家旅行的总政策。"1957 年 11 月,美国国务院发给在华美犯的直系亲属到中国探监的护照,同时,也给鲍威尔案件的辩护律师威林发了护照,以便在中国收集证词。但是护照上赫然印着"在共产党控制下的中国各部分"这样有意诋毁新中国的字样。有关人士还警告威林说,此去"冒着极大的个人危险"。

美国政府方面设置的障碍最终没能阻碍威林的中国之行。1958 年初,他来到深圳。中国边防检查站在不接受他的护照的前提下,特予通融,另发给签证让其入境。在中方的接待下,威林在中国待了七个星期,见了中方司法部长和与鲍案有关的 40 多名证人,观看了有关细菌战的纪录片和部分实物证据,听取了美军俘虏的供词。

1958 年 2 月 28 日,威林返回香港,对合众社等媒体强调说:"我在去中国之前,对美国是否参加过细菌战这一问题表示怀疑。由于我看见和听到的强有力的证据,我的怀疑已经大部消除了。"

在接待了威林后,新中国外交部开展了进一步的声援工作,准备向美法庭、联合国提交证据。为此,1959 年 1 月,卫生部、公安部、外交部组成的联合调查小组,专程赴安东市安东县、辽阳、鞍山、抚顺、新民、沈阳、宽甸、四平等地,多次反复核实后,作出专题报告。笔者查阅了外交部解密档案中的这些报告,其具体内容有空情记录、气象记录、我政权机关关于细菌战问题向上级的报告以及其他证人的证词等,记录了鞍山市民魏刘氏(女,32 岁)、辽阳县刘二堡小学教员王淑芝(女,23 岁)、沈阳市三轮车夫王子彬(男,47 岁)、满井车站的养路工长曲占云(男,55 岁)、安东县长山区双山东村农民田成和(男,44 岁)的死亡经过。

笔者摘抄了农民田成和的部分案例报告如下:

1952 年 4 月 14 日,安东县长山区双山东村 4 百余人开会时,发现 3 架美国飞机,投下灰白色羽毛状物体,立即展开搜索,大家带了口罩和筷子,花了两个小时将羽毛搜集起来,除了检验物品外,其余的焚烧。

农民田成和因为与美国飞机投下的羽毛接触后突发呼吸道炭疽杆菌脑膜炎。

感到寒冷高热,全身关节痛以及头痛。17日症状加重,呕吐两次。两手紧紧地握拳痉挛。救治无效于4月18日中午12时死亡。

田成和死后,辽宁省立医院进行了其内脏的细菌培养,认为是原发性炭疽杆菌出血性脑膜炎。原发传染是在肺部。当地很长时间没有此病例。经查尸体和羽毛上的细菌是同一个来源。

经过景冠华(中国医药大学细菌系副教授,笔者注)和赵成林(哈尔滨医科大学微生物系副教授,笔者注)、辛钧(长春传染病防治院总技师、日本帝国大学医学博士,笔者注)检验,发现带有炭疽。(有实物证据,羽毛标本,空袭记录,病理解剖标本。细菌检查的原始记录。)

其他的几位死亡者的情况与田成和类似:都是在未注意防护的情况下,在搜集美军飞机飞过所投下的昆虫羽毛等物品时,与之发生接触,感染细菌后发病,突发呼吸道炭疽病或出血性炭疽脑膜炎死亡,而这种病症在北方极其少见。

报告的结论很明确,美军在中国东北边境地区发动细菌战的证据确凿。

此外,对鲍威尔案的援助工作还动员法学专家研究案情,并指派翻译专家核对了《密勒氏评论报》报道的消息来源。一份标题为《美国政府"起诉书"、"密勒氏评论报"和新华社有关文稿有关美国细菌战和破坏停战谈判的事实核对结果》的解密档案显示,中方专家逐一仔细标注了美国政府指控鲍威尔案虚假报道的每个细节的消息来源。根据笔者统计,除了有两处地名翻译有出入,3项细节待查之外,解密档案指出:美国政府指控鲍威尔13篇报道45个细节虚假纯属子虚乌有;报道内容与中方掌握的事实是一致的;鲍威尔的报道均根据新华社的报道、朝鲜人民民主主义共和国外相的抗议声明、朝鲜中央通讯社、《人民日报》的报道、周恩来总理的抗议声明、法新社和苏联《新时代》杂志等报道。

毫无悬念的司法审判过程

1959年1月26日,法院继续开庭。

鲍威尔的律师团认为,只要在中国的证人能够出庭,打赢这场官司是有把握的。但当时的情势下,中美关系交恶,要求中国的证人来美作证困难重重,不过他们随即向法院申请,要求检方提出证据,证明被告是有罪的,比如请美军联席会议成员奥马尔·布雷德利、马修·李奇微、马克·克拉克等将军和国防部、中央情报局、国家安全局和国会各种委员会出庭作证,并提供与美国侵略、细菌战和停战谈判行为有关的文件。

遗憾的是,美国军方拒绝公开相关的文件、档案,拒绝让相关的人士出庭作证。

庭讯中，检察官施纳克传唤佩奇·贝勒，问这个曾经在朝鲜做过33个月俘虏的二等兵：你在中国人的战俘营时，是否看见有人到处散布《中国每月评论》？此时，辩护律师当场抗议，因为叛乱罪只适用于美国管辖地区内的行为，而检方找来的这个证人当时在朝鲜的战俘营里。古德曼法官裁定证词无效后，检察官施纳克不服，继续向法官说明证词的合法性，情急之下，竟脱口而出：这个证据证明，被告已构成"实际上的叛国罪"。古德曼法官表态说：没错，如果根据叛国罪（叛国罪比煽动叛乱罪更为严重，可判处死刑）起诉的话，贝勒的证词可能是有效的，因为关于叛国罪的法律条文不限定管辖地区。

在美国司法体系中，判决是陪审团下达的，法官无权判定被审判者是否有罪，在庭审中也不得发表具有倾向性意见，这是基本准则。对鲍威尔案的庭审自然引发了轩然大波，当天下午，《奥克兰论坛报》立即以大标题报道："法官说，鲍威尔夫妇及其助手犯有叛国罪"。

第二天一大早，辩护律师立即以法庭公布的消息具有倾向性，法官在审讯过程中发表这种结论性的对被告不利的评语违反司法程序为由，提议审判无效。检察官施纳克立即表示同意。随后，法官对媒体解释，他仅仅指出检察官施纳克提到的煽动叛乱罪是不恰当的，因为被告们没受到应有的"叛国罪"指控。

1月30日，古德曼法官宣布，对鲍威尔"煽动叛乱罪"的审判为"错审"，陪审团解散。但随后，审判升级了。检察官施纳克宣布，美国政府将以"叛国罪"起诉鲍威尔。不过，指控鲍威尔犯有"叛国罪"，需要两名证人。施纳克保证，60天内，一定给法庭带来两名证人。可是不久，法院等来的却是施纳克辞职的消息。而继任的检察官吉拉德也未能完成寻找"证人"的使命。

最终，鲍威尔案以检方撤诉告终。辩护律师华尔克尔和威林说："他们找不到证人，是因为根本没有这样的证人。鲍威尔没有犯罪，事情就是那么简单。"

对鲍威尔的审判最终草草收场。

后 记

鲍威尔在余生中始终坚持自己的观点，1980年10月，他在《关注亚洲学报》上发表题为"日本的细菌战：美国掩盖战争罪行"一文，提供更多的证据证明早年的报道。1981年，他又写了"Japan's Biological Weapons, 1930—1945"（日本的生物武器，1930年至1945年），多年后才得以在《原子能科学学报》上发表。2008年12月15日，他在旧金山去世。

领导国际科学家调查委员会调查的李约瑟博士，回到伦敦后，受到国内某些同行指责其"帮助共产党国家"的舆论压力，还上了美国政府的黑名单。但他始终坚持自己的观点，还把个人保存的有关细菌战的大部分资料交与伦敦的"皇家战争博物馆"收藏。

[注]：二战后，一些国际组织和进步人士于1949年4月20日发起世界保卫和平委员会，要求无条件禁止原子武器和大规模毁灭性武器。新中国在1949年10月2日，也成立了中国世界保卫和平委员会。朝鲜战争开战后，改为中国人民保卫世界和平反对美国侵略委员会。

新中国援助非洲忆往

孟庆涛

"赤道雕弓能射虎,椰林匕首敢屠龙"。第二次世界大战以后,非洲大陆反殖民运动风起云涌,新兴的民族国家相继独立。但长期的殖民统治使非洲国家经济结构单一、民生凋敝,维护国家独立异常艰难。从上世纪50年代开始,新中国本着共同的历史使命和相互之间的深切同情,在自己经济还十分困难的情况下,对非洲民族独立斗争和经济建设倾力支持。

1956年,中国和埃及建立外交关系的当年,中国就向埃及提供了2 000万瑞士法郎现汇的无偿援助,帮助埃及抵抗英法入侵,从此开启了至今50多年的中国对非洲援助的序幕。20世纪五六十年代以来,非洲国家逐渐成为中国对外援助的重点。中国先后同十多个非洲国家签订了友好经济合作互助条约及相关协定。根据这些条约和协定,中国对非援助涵盖医疗、农业、农产品加工、纺织、水利、电力、交通运输和公共建设等众多领域。

救死扶伤,石头城里传佳话

印度洋上散落着许多各具特色的小岛,坦桑尼亚的桑给巴尔岛就是其中一座。岛上的"石头城"房屋多用当地的珊瑚石建造,建筑综合了非洲传统黑人文化、伊斯兰文化、印度文化和欧洲文化等不同风格而闻名于世。2000年"石头城"被联合国教科文组织确定为世界文化遗产。

历史上的桑给巴尔岛曾是印度洋地区最重要的商业贸易中心之一。阿拉伯人、波斯人、印度人、葡萄牙人先后来到此地。19世纪中叶以后,逐渐成为英国保护地。石头城靠东部海边的一隅保留着一座斑驳陆离的房子,这房子就是当年关押奴隶的地方,被当地人称为"奴隶洞"。黑人奴隶一被关进"奴隶洞"就有去无回。"奴隶洞"面向大海的一边墙有一排洞,屋内墙壁上钉了一排铁环,殖民者买来的黑人奴隶像牲口一样被拴在铁环上。每当海水涨潮,小船可以直接停靠到墙边洞口,

桑给巴尔岛

黑人奴隶就从洞口被推上小船装上停泊在港口外面的货轮,运往美洲。1964年,中国派遣援助桑给巴尔的医疗队就在这座岛上工作。

长期的殖民统治,使桑给巴尔衰落成世界上经济最不发达地区之一,居民生活来源主要靠种植木薯、香蕉、椰子,以及采摘丁香花粗加工后出口,生活十分贫困。1964年1月桑给巴尔革命刚刚成功,英国与桑断交,撤走了医院里的英籍医护人员,导致桑给巴尔缺医少药的情况非常严重,卫生条件很差,许多病人得不到应有的治疗,居民的发病率和死亡率很高。

据外交部解密档案记载,1964年,应桑给巴尔地方政府要求,中国政府决定派出医疗队去该国工作。根据两国协议,医疗队由队长、医师、护士长、药剂师、检验师、护士组成。中国医疗队在指定的医院参加医疗工作,并兼任部分巡回治疗,期限为两年。医疗队在桑给巴尔工作期间所需的主要药品和器械,医疗队人员往返中桑的旅费、在桑给巴尔工作期间的工作和伙食费由中国方面负担。医疗队在桑给巴尔工作期间的住房、交通由桑给巴尔方面负责。

卫生部迅速组成了第一批医疗队,南京市卫生局原局长洒景浩为队长,医疗队共13人,成员以来自南京为主。一年后,因妇产科工作任务重,又增派了助产士一人。为了让医疗队能尽快适应当地的环境,医疗队在北京接受了3个月的培训,医疗队队员认真学习语言,了解当地风土人情等。培训后,这支来自祖国四面八方的医务人员组成的医疗队于1964年8月14日从上海出发,乘坐巴基斯坦的PK729

号航班开始了远赴桑给巴尔的行程,辗转十几天后抵达桑给巴尔。从此开始了迄今已持续 40 多年的爱心传递。

**1965 年,国务院总理周恩来访问坦桑尼亚共和国,
在桑给巴尔岛接见中国援助专家后合影留念**

9 月 7 日,医疗队正式到达桑给巴尔的列宁医院工作。该院在革命前叫桑给巴尔医院,革命后改名为列宁医院,是原来的英国殖民者于 1922 年创建的。医院是一所英国式的建筑,四层楼房,共两百多张床位,手术室设备器械全是英国的。据解密外交档案记载,医疗队发回国内的报告反映,该院"大型设备多半已年久陈旧,常出故障"。医生"没有实践机会,……医院又没有促进技术提高的各种活动,如死亡讨论、病理讨论、病历报告、学术报告。……高级医师却抓着一些小手术不放,他们只会做小手术,不敢做大手术……"

桑给巴尔的医务人员是殖民统治时期留下来的医生,有的曾到英国留学。此外,医院还有东德、保加利亚、古巴、苏联以及西方国家派来的医生。大家在同一所医院工作,由于意识形态等方面原因,中国医疗队在工作上面临十分严峻的考验。最初,院方领导和部分桑给巴尔高级医生对我国医疗队的医疗水平有所怀疑,对医疗队缺乏了解和信任。那些西方国家的医生在中国医生面前更是趾高气扬,觉得中国医生技术上不行。于是,一开始中国医疗队队员就暗下决心,一定要打个漂亮仗,为中国医生争光。

据医疗队成员妇产科医生蒋宪刚回忆,当时列宁医院由一位留学英国的阿拉伯人莫海里任医务监督,统管医疗行政,还兼妇产科医生。莫海里一开始就质疑中

桑给巴尔石头城

桑给巴尔医院一角

国医生的医疗水平,只安排蒋宪刚跟随查房及看门诊,不让她做手术。有一天晚上,蒋宪刚值夜班,医院急诊室一前一后送来两例宫外孕病人,病人都是大出血并严重休克,情况非常危急,必须立即手术。蒋宪刚来不及向莫海里汇报,立即上台进行了手术。在血源紧张的情况下,她采用了腹腔血回收输入技术,为赢得抢救时间奠定了基础。她在没有助手的情况下连做两个手术。第二天，病人恢复良好，莫海里来上班时知道了情况，他惊讶得不得了，不由得竖起大拇指说："Doctor 蒋，你们中国医生是好样的！"从此，蒋宪刚被授权处理妇产科一切事务。那些西方医生对中国医生刮目相看。

有一次，一位上肢刀伤的病人被送到医院，他的大部分肌肉切断，血管神经断裂，东德医生要给他截肢，中国医生则主张为他做扩创缝合手术。经过中国医生的努力，最终使这个大面积刀伤的病人愈合。病人非常感激，由衷地说，如果不是中国医生，他的一只臂膀就没有了。此事大大树立了中国医生在当地的威信。

据外交部解密档案显示，中国医疗队在列宁医院的两个月里，"进行 160 个手术……不仅数量多……也相应地开展了较大手术，如肾输尿管结石、肾切除手术等；开始全面参加该院的门诊、住院、急诊等工作。"当地医生一致评论说，中国医生常做"新手术、大手术，没有化脓的，效果好"。中国医疗队的敬业精神和高度负责的精神在当地人民心中留下了美好的印象，与其他不同国家的医生形成鲜明的反差。不到一年时间，其他国家的医生就无可奈何地相继撤离了。很快，列宁医院就只有中国医疗队在主持医务。

中国援助桑给巴尔医疗队，不仅为所在地的百姓治愈了大量常见病和多发病，而且创造了一个又一个医疗奇迹。20 世纪 60 年代，断手再植的手术在中国国内都极少开展，在桑给巴尔更是闻所未闻。1966 年 7 月，一名叫奥斯曼的伐木工人左手被电锯切断，断手的神经、血管、肌腱严重损伤。中国医疗队员们在极其简陋的条件下，用了 8 个小时，创造了断手再植的奇迹。3 个月后奥斯曼痊愈了。桑给巴尔医疗史上的这起首例断手再植手术，在岛上引起了轰动。中国医疗队精湛的医疗水平和认真负责的服务态度征服了院方领导和当地群众，受到广泛赞誉。

中国医疗队不仅具有过硬的医技，而且生活简朴，带来人人平等的新观念。在桑给巴尔工作期间，中国医疗队牢记使命，不给当地政府添麻烦，一心一意为桑给巴尔人民服务。据医疗队成员戴传孝回忆，当时其他国家援助桑给巴尔的医疗人员索取高额薪水，大都携带妻儿，住别墅，生活享乐至上，养尊处优，经常进出酒吧等娱乐场所，而中国医疗队全体队员却是客随主便，入乡随俗。刚到桑给巴尔的前三个月住当地简陋的旅馆，后住在距医院不远的一所二层楼房里。当时列宁医院的医生、护士、工人之间有着明显的界限。本国医学院毕业的医生，如果没有到国外进修过，工作时间再久，也不能当高级医生。护士中，国外学习过的穿白色制服，当地培养的穿有色制服。高级医生工资特别高，一个高级医生每月工资 3 625 个先令（合人民币 1 270 元），而一个医院工友才 160 个先令（合人民币 56 元），上下相差 22 倍。在工作中，外科医生查房时不解绷带，只有护士解开后外科医生才看一眼。而中国医生则是任劳任怨、埋头苦干，同志之间互相团结，日常生活中大家有说有笑,内务整理、打扫卫生等工作大家都是争着干。这些都对当地的医护人员产生了不小的影响。对此当地医护人员交口称赞:"中国大夫好。"

为了方便和当地人民交流,尽快和他们打成一片,医疗队除了强化英语训练,每天还挤出一定时间苦练当地斯瓦希里语。队员们从早到晚忙忙碌碌,以医院为家。不管是晚上还是节假日,只要病人需求,医疗队随叫随到。在桑给巴尔工作期间,每天中国医疗队的医生还携带医疗设备和药品轮流下乡巡回医疗,为村民送医送药。有的边远的村落需要半天的车程。知道中国医疗队要来,一大早,当地的老百姓就来到看病的地点,早早排好队等着中国医生为他们看病。桑给巴尔绝大多数的农民生活在椰林深处,以树林为家。中国医生就在椰树下抬来几张木桌子看病。中国医生不辞辛苦几乎走遍了桑给巴尔岛,受到热烈欢迎。

中国医疗队在上层政府及广大百姓中的美好声誉,赢得了政府的信任。桑给巴尔领导及亲属有了病,总找中国医疗队看病。

中国第一批医疗队在桑给巴尔前后工作了两年半时间,到1967年底第一期医疗队成员踏上回国的路程。临行前医院的医护人员依依不舍,有的护士躲进了卫生间,哭红了眼。他们纷纷爬上汽车将中国医生送到机场,并在机场合影留念。中国援桑医疗队和桑给巴尔人民结下了深厚的友谊,此后,中国援桑医疗队每两年轮换一批,延续至今。对此,胡耀邦曾指出:"群众性的东西,影响不易消失,而钱却花得很少,中国在对第三世界的友好活动中,比较成功的就是医疗队。"

患难与共是朋友

撒哈拉沙漠以南的广大地区土地肥沃、气候适宜,具有发展农业的良好自然条件。但由于长期的殖民统治,非洲各国农业生产都很落后,不少国家甚至还处在刀耕火种状态。很多可耕地没有开发利用,在20世纪五六十年代已耕地面积仅占非洲土地总面积的7.8%。作物品种单一,粮食种植面积少,单位面积产量低。据联合国粮农组织统计,1960至1961年度,非洲各种谷类的产量只有2853万吨,平均每人223斤。许多非洲国家每年不得不从国外特别是西方国家进口大量粮食,从而导致对西方国家的严重依赖。考虑到中国自身的实际和非洲国家的经济状况,中国对非洲经济援助加强了农业援助的力度,同时把农业援助与工业援助结合起来,取得了很好的效果。

当时,中国对非洲农业援助最重要的事件之一,就是中国于1959年和1960年两次无偿援助几内亚大米共计一万五千吨。这些数据在外交档案中均有记载。

几内亚地处西非,1958年10月2日正式宣告独立,是西非法属殖民地中最先独立的国家。几内亚在经济上严重依赖宗主国法国,其经济命脉几乎完全掌握在法国手里,由于不等价交换,贸易逆差惊人,财政预算入不敷出。独立时,几内亚的国库空空如也。不仅如此,法国还断绝了同几内亚的一切经济关系,停止财政援助,企图造成几内亚的政治、经济混乱,迫使几内亚重新回到法兰西共同体(1958年9月前称"法兰西联邦")内。

1959年10月4日,几内亚与中国建交,成为第一个同中国建交的撒哈拉以南非洲国家。1959年2月,中几建交之前,几内亚经济和计划部长贝阿沃吉(BEAVOGUI)为团长的几内亚政府代表团访华。其间,贝阿沃吉因国内遭灾大米歉收,请求我国无偿提供整粒大米一万五千吨,并提出希望6月前先给五千吨应急。为了帮助几内亚渡过难关,1959年5月上旬,我国政府赠送几内亚五千吨大米装船紧急运往几内亚科纳克里。

1960年法国切断了对几内亚的粮食供应,此时几内亚又遭遇灾荒,粮食供应发生困难。在这种情况下,1960年2月,贝阿沃吉向我国驻瑞士大使馆提出请求,可否由我国无偿赠送一万五千吨大米。中国政府经慎重考虑决定赠几大米一万吨。据外交部档案载,4月30日,外交部答复中国驻几内亚大使柯华:"16日电悉,国内决定以政府名义无偿赠大米一万吨,并由我方运送。"5月3日下午,柯华就赠大米事拜会了杜尔总统。当柯华向杜尔通知中国政府决定赠几内亚一万吨大米,并由中国负责运送到几内亚时,杜尔说,我们荣幸地接受你们这个礼物,并表示非常真诚的谢意。我国人民对中国人民这个团结互助的行动非常高兴。这个行动将加强我们共同的反帝斗争。7月23日21时,中国赠送几内亚的第一批大米五千吨,满载着中国人民的深情厚意,由广州黄埔港装ZVARLAN轮离港,发往几内亚。这批大米实装大袋35 210包,小袋19 703包,毛重5 058.687吨,净重五千吨。中国赠送的一万吨大米对帮助几内亚稳定局势、摆脱对外国的依赖帮助很大。收到中国的大米后,几内亚随即取消了同法国、波兰的购米合同。当时几内亚官方普遍称赞我国的援助是真诚、及时的。

一万五千吨大米对当时的中国来说弥足珍贵,这时中国正处于三年困难时期,那为什么还要积极援助几内亚呢?应当说,这是中国为扩展外交空间、营造有利国际环境而不得不采取的行动。新中国成立初期,以美国为首的资本主义阵营对中国在军事上威吓、外交上封锁、经济上禁运。1956年开始中苏关系交恶,中国的外交局面更加困难。为了在错综复杂和激烈动荡的国际形势下打开外交局面,加强和密切同广大发展中国家的关系,争取新兴民族独立国家的承认,成为中国迫切的需要。对外援助也就成为中国同亚非拉地区民族独立国家保持接触和联系的最有效的渠道之一。

在中国看来,对外援助是自己应尽的国际主义的义务。1967年,毛泽东在接见到访的赞比亚总统卡翁达时所说的一席话,清楚地表明了新中国领导人对援助亚非拉地区的看法：先独立的国家有义务帮助后独立的国家。"全世界如果不解放，中国这个国家就不能最后解放自己。"战后，西方阵营和社会主义阵营都加强对亚非拉地区的渗透。中国对外援助的数额在国内来看数额很大，但同时西方资本主义国家的援助规模更大。为此，许多非洲国家在接受西方援助的同时，往往引进资本主义的制度模式，而接受社会主义国家援助的非洲国家则学习社会主义的制度模式。当时选择哪一方的援助就意味着站到了哪一方的阵营。可以看出，在冷战时期，非洲是两个阵营都在极力争夺的对象。

不可否认的是，台湾问题一直对中国的外交和对外援助政策有直接影响。从20世纪五六十年代开始，台湾的蒋介石集团也趁机在亚非拉地区实行金圆外交，与中国大陆加紧争夺，以争取国际空间。中国与几内亚建交以后蒋介石集团时刻在窥视几内亚的动向。台湾于1961年底特别成立了"中非技术合作委员会"，加强对非活动。有资料显示，20世纪60年代，台湾蒋介石集团派出"农业代表团"到非洲12国进行20多次的所谓考察访问，同8个非洲国家签订了"农业合作协定"，派遣"农耕示范队"，并吸收一些非洲人到台湾进行考察和训练。所以当时中国在对外援助时，也明确要求对方不支持台湾蒋介石集团。

1959年几内亚经济部长贝阿沃吉和财政部长德拉姆（DRAME）访问中国期间，德拉姆就台湾问题的态度和立场表示，"在这个问题上，几内亚是完全了解中国的立场的，我们决不参加任何反对人民中国的举动，非洲人民都知道美国在台湾的勾当的实质。在国际关系上我们知道选择谁是朋友，分清敌友，帝国主义到处一样。中国可以相信，几内亚各方面都知道人民中国是朋友。"

中国慷慨的对外援助，打开了中非友好的大门。1963年，周恩来总理访问几内亚、加纳、马里三国。几内亚尽了最大力量组织欢迎。几内亚政府不仅在科纳克里破格欢迎周恩来总理，还在金地亚、拉贝两行政区实行全区总动员，把全区三分之二以上的人口远道集中到城市来欢迎，可谓盛况空前。

授人以渔鱼满仓

除了派遣医疗队、无偿赠与外，中国对非援助还有技术援助、无息贷款以及成套项目援助等形式。中国援助非洲的目标，并不仅仅是为了帮助非洲国家解决一时的困难。更加重要的是，中国通过援助，帮助非洲国家提高自力更生、独立自主发展经济的能力。正所谓，"授人以鱼不如授人以渔"。

当时，一些西方国家对非洲的经济项目援助，所需资金很大，同时西方总是进行技术保密，便于日后控制。而有的非洲国家急于摆脱落后面貌，盲目迷信西方，不顾本国的实际情况盲目上大项目，结果造成自身债务负担沉重，从而进一步受制于人。而中国在对非洲国家进行援助时,总是设身处地为受援方着想。经常是援助了一个项目、带动了一个产业、培养了一批干部、富裕了一方百姓。坦噶尼喀首任总统尼雷尔曾说过,"中国有很多经验适用于坦,值得坦很好学习,希望中国能尽快派农业专家来坦,帮助发展农业,增加生产,穷朋友最能帮助穷朋友;贫富合作,只能使富人得利,穷人吃亏。"

据解密的外交部档案显示,1963年7月,中央批准的《关于开展非洲工作的建议》中明确提出了:"向非洲国家提供农业技术援助,花钱少、收效快、影响大,可争取多搞一些……在我力所能及的范围内,应逐步加强我对非洲农业技术援助。……援助的做法可从小到大,从易到难,件件做好。从派少数专家进行技术指导,提供少量农业机具,搞小面积试种和推广入手,积累经验和创造条件后,再酌量承担规模较大,技术水平较高的农业技术成套援助项目。"

截至1963年,同中国建立外交关系的非洲独立国家主要有加纳、马里、几内亚、摩洛哥等9个国家。20世纪五六十年代,中国重点对这几个同我已建交的非洲国家进行农业技术援助,援助主要是在种植水稻、茶叶、甘蔗、蔬菜、棉花、水果、水利、造林等方面。其中,我国对马里的援助是中国对非援助规模较大的、成功的典范之一。

马里地处非洲中西部,靠近撒哈拉大沙漠,尼日尔河和塞内加尔河流经马里境内,有可灌溉土地1 800万公顷,约占全国总面积的15%,全国已耕地面积约350万公顷。但马里天气酷热干燥,雨季集中在每年7至9月,平日里又几乎滴"雨"不见,加之生产技术比较落后,很多农作物很难存活。农业上生产大米、小米、高粱、玉米等作物,畜牧业主要采取传统的游牧方式,对外出口工业原料、棉花等,几乎没有现代工业,一切工业品全靠进口。

马里原为法属殖民地,是非洲最早独立的国家之一,反帝反殖民主义的立场坚定。1960年马里独立后立即与我国建立正式外交关系。独立初期的马里是一个落后的农牧业国家,受到前宗主国法国的多方压力,国家举步维艰。我国政府非常同情马里的处境,决定将马里作为我援助的重点国家。中国和马里建交以后的第二年即1961年,中马签订了《中马经济技术合作协定》和《中马经济技术合作协定议定书》,中国承诺派遣农业专家和技术人员到马里进行技术指导,帮助马里培养技术人员和熟练工人。当时我国援助的项目都是与马里国计民生相关的项目。在农业方面,中国专家帮助马里兴修水利,改良水稻种植方法,提高单位面积产量,同时试种茶叶和甘蔗。特别是中国援助马里的甘蔗种植和食糖加工厂时至今日仍在造福马里人民。

马里旱季天气酷热,马里人喜欢喝极浓的绿茶。他们在一个茶壶中要放上大半壶茶叶,煮沸后只倒三小杯茶水,饮用时须加入大量的糖来中和苦味。日常生活中,马里人还喜欢吃甜食。但马里历史上从来没种植过甘蔗,而且马里离赤道近,过去一向被认为无法生产甘蔗,马里人民吃的蔗糖全部靠进口。这对一个经济落后的国家来说,是一笔巨大的开支。

时任中国驻马里大使的刘立德回忆,20世纪60年代初,法国专家曾在马里考察,考察后断言马里的自然条件根本无法种植甘蔗,马里只得转向中国求助。为解决马里人民的需要,1962年中国派出以甘蔗栽培专家唐耀祖为首的专家组来到马里。唐耀祖等人刚到马里时,一位号称西非"农业权威"的欧洲专家断言:"在马里种甘蔗,困难重重,没有20年的时间是不行的。"已年过60岁的唐耀祖暗下决心,不管用多久,一定要把甘蔗种成功!

在马里期间,中国专家克服了常人难以想象的困难。在雨季里,中国专家饱受蚊虫叮咬之苦。当地的马里人被蚊子叮后,身上没有什么反应。但是,中国人被蚊子叮了就很容易得疟疾。很多中国人刚到马里都会中招。疟疾发作时,浑身一会儿酷热难耐,一会儿又瑟瑟发抖。当地的朋友开玩笑地说,"这是马里给中国朋友的见面礼。"不仅是气候不适应,缺水少电、医疗条件差、交通和通讯不便都考验着中国专家组。他们克服了恶劣的自然条件,全心钻研甘蔗种植技术。经认真调查研究,专家组把种植点选在了鲁大纳平原杜卡布古地区。这里土地肥沃、水利设施便利。唐耀祖等人从两小节甘蔗起步,在2公顷试验田里辛勤耕耘了一年。在克服了气温高、虫害多等不利因素后,终于将甘蔗试种成功,结束了马里不种甘蔗不产糖的历史,在马里引起了不小的轰动。中国专家组组长唐耀祖更被马里朋友称为"马里甘蔗之父"。

1962年6月至1963年底,在甘蔗试种进行的同时,中国还培训马里甘蔗技术人员。培训以传授甘蔗栽培的田间操作技术为主,通过实际操作结合适当有关的理论让学员掌握甘蔗种植技术。

当时马里刚从殖民统治下摆脱出来,经济比较困难,马里政府能提供的教学设备只是小黑板、粉笔和几条长凳。学员们的文化水平普遍不高,学员有技术员、技术助理员、技术工人等,讲太多的理论,学员听不懂。物质条件的简陋、学员水平的参差不齐并没有让中国专家气馁。中国专家以身作则,每天冒着酷暑,深入田间地头,同马里技术工人一起劳动,精心传授种甘蔗知识和经验,采取师傅带徒弟、口授身传,指导学员在干中学、在学中干,收效十分明显。

当时,其他国家的专家往往只是到农场看一下工人的工作就走了,而中国的农场里专家们亲自上阵,从白天做到黑夜。据唐耀祖回忆,当唐耀祖第一次走到甘蔗田里时,马里工人看到中国专家脱了鞋,和他们一样光着脚踩进泥土里的时候,脸上露出了惊讶之色。中国专家简朴的生活作风、勤劳的工作态度和高超技术受到了当地老百姓的欢迎。开始马里工人还按照过去称呼殖民主义者"专家"一样,称中国专家为"先生",不久以后,马里的工人不再称"先生"了,他们亲切地叫"同志"。

马里工人在农场劳作

到 1962 年底,经历过三次播种和一期全面的田间管理工作,学员们都初步掌握了甘蔗种植的基本技术。

甘蔗试种的成功和甘蔗技术人员培训的顺利开展,为大面积种植甘蔗和发展食糖加工奠定了良好的基础。由于甘蔗保鲜期短,需在 24 小时内加工成糖,这就需要一个大型蔗糖加工厂。经过中国和马里协商,由我国援建马里糖厂,设址鲁大纳平原的杜卡布古地区。

在杜卡布古灌区发展甘蔗产业对马里和中国来说都具有重大的意义。过去马里找过法国人,也找过苏联人,但是都没有获得支持。最终马里把希望寄托在中国上。中国说干就干,从兴修水利、种植甘蔗到建立糖厂,中国承担了全部任务。

1965 年 3 月中国援建马里的杜加布古糖厂动工,在杜卡布古灌区这片荒林上,中国的专家、技术工人和马里人一起挥汗如雨。没有房子住,援外人员就自己做土砖,建起平房。没有床铺,就拆开运机器的箱板,铺起来当床睡。经过一年的努力,1966 年 5 月糖厂建成投产。杜加布古糖厂是马里的第一家糖厂,工厂占地 8.03 万平方米,建筑面积 1.4 万平方米,主要设备 363 台,设计生产能力为日处理甘蔗 400 吨,附设的酒精车间日产酒精 2 000 公升,成为中国援建非洲的规模最大的糖厂。1965 年 9 月马里第一甘蔗农场开始建设,1970 年全部建成,农场耕地面积 1 755 公顷,灌溉、排水渠道 195 公里,水泵站 2 个,并建立了 3 个居民点。甘蔗农场建成后的五年间,甘蔗平均年产量为 6 万吨左右,最高达 7.3 万吨。杜加布古糖厂和甘蔗农场的建成,开创了马里自产食糖的历史,为马里民族经济的发展作出了不可磨灭的贡献。

马里前总统穆萨·特拉奥雷曾高度评价说:"马里人民在征服困难的斗争中,一直得到中华人民共和国的帮助,糖厂是巩固马中团结友好关系的又一具体体现,使我国明显减少了食糖进口,大大节省了外汇开支。"

到20世纪70年代,中国共援建马里两个甘蔗农场和两个糖厂。1984年11月,马里政府将中国援建的杜加布古糖厂、西利巴拉糖厂和两个甘蔗农场合并组成马里上卡拉糖业联合公司,实行独立核算,成为马里大型的国有企业,至今仍在马里国民经济中发挥着重要作用。据报道,2005年马里上卡拉糖联产糖33 439吨,酒精200万升,甘蔗种植面积5 000公顷。马里糖联工人的收入在当地也首屈一指。马里糖联平时雇佣3 000人,高峰时达到8 000人,为当地政府解决了很大一部分就业问题。此外,企业每年还上交马里政府10多亿西非法郎的税收,对马里全国都有举足轻重的影响。也正是由于有了这两个糖厂,杜加布古和西利巴拉两市的城市规模不断扩大,城市的道路和基础设施及生活环境得到了很大的改观,城市发展一片欣欣向荣。

糖联生产楼,楼前的石碑是1960年代周恩来总理出访马里时所立

除了糖厂以外,从20世纪60年代开始我国还帮助马里朋友白手起家,援建了茶厂、纺织厂、药厂、卷烟厂、碾米厂、制革厂和火柴厂等数十个成套项目,为马里奠定了工业发展的基础,如今这些企业已经成为马里的经济支柱。对此,马里前计划、财政和经济协调部长塞义杜·巴迪安·库亚泰深有感触:"马里独立之初,是中国帮助马里建设了第一批工业企业。"

1964年,周恩来总理在访问加纳时,首次提出了以平等互利、相互尊重和不附加政治条件为核心的中国对外经济技术援助的八项原则,确立了中国对外援助的基本准则,标志着中国对非洲援助政策的正式形成。特别是不附加政治条件成为中国对外援助的特色,并为历届中国政府所坚持。从此中非关系进入到新的快速发展时期,同中国建交的非洲国家数量迅速增加,中非经济联系不断加强,中国对非洲的援助也进入了一个较大规模的时期。有资料显示,1964年中国对不发达国家经济援助达3.38亿美元,其中对非洲国家的经济援助就达1.95亿美元。

多年来,中国对非洲国家的无私援助,赢得了广大非洲国家的承认和支持。在许多国际场合,非洲国家对中国在外交上鼎力支持。1971年,中华人民共和国以压倒性票数恢复在联合国合法地位,其中非洲国家的赞成票数占总赞成票数的三分之一。在20世纪90年代,以美国为首的西方国家在世界人权大会上,多次提出反华议案却屡屡受挫,这都得益于广大发展中国家特别是非洲国家对中国的大力支持。

从1956年中埃建交,到1971年非洲国家支持新中国在联合国恢复合法席位;从中国建设者用血汗浇筑坦赞铁路,到新世纪中非长期稳定、平等互利的新型伙伴关系的建立,中非友谊经历了半个多世纪的风风雨雨。半个世纪以来,中非人民的友谊与日俱增。相信,中国和非洲的明天会更好。

中国首次接待来访外国政府首脑的幕前幕后

唐 军

1952年10月18日的北京,秋高气爽,微风徐徐。南苑机场停机坪前红旗飘扬,人头攒动,周恩来总理正在举行隆重的欢送仪式,欢送蒙古人民共和国(现称蒙古国)总理泽登巴尔。泽登巴尔即将结束对中国的访问,启程回国。人群中镁光灯频频亮起,记者们不停摁动手中相机的快门,试图捕捉仪式的每一个细节。因为他们清楚,此次访问有着不同一般的意义。

仪式结束,泽登巴尔与周恩来总理握手告别,登上飞机舷梯,走到舱门口,他转身向送行的人群挥手再见。20天前,也是在这里,他站在舱门口向欢迎的人群挥手致意,开始了对社会主义新中国的正式访问……

抵 京

1952年9月28日,一个天气晴好的日子,下午,泽登巴尔乘坐的飞机缓缓降落在南苑机场。迎接的人群如马蹄形环立周围。最前面的是一个他熟悉的身影——周恩来。虽然此前他已获悉周恩来总理会到机场迎接自己,但看见周总理真的来了,他不禁还是有些感动。

走下飞机,他紧紧握住周恩来总理的手。此前在莫斯科他与周恩来总理有过多次接触,彼此已较为熟识(8月17日,周恩来总理率中国政府代表团访问苏联;8月28日,泽登巴尔率团抵苏。泽登巴尔到苏联时,周恩来总理曾去机场迎接;9月22日,周恩来总理返回中国时,泽登巴尔到机场送行。作者注)。因此,几天后在北京的机场再次见到周恩来,自有一种老友重逢的感觉。

周恩来总理向泽登巴尔介绍前来欢迎的中方主要陪同人员,除了政务院副总理陈云、人民革命军事委员会副总参谋长粟裕、中国人民解放军海军副司令员罗舜初等少数几个人泽登巴尔在莫斯科见过外,其他人都还陌生,他们是:政务院副总理郭沫若、黄炎培、邓小平,人民政协全国委员会副主席陈叔通,最高人民法院院长沈钧儒，人民革命军事委员会代总参谋长聂荣臻，政务院财政经济委员会副主任兼财政部部长薄一波、副主任兼对外贸易部部长叶季壮，政务院文化教育委员会副主任兼教育部部长马叙伦、副主任兼文化部部长沈雁冰，北京市人民政府市长彭真，中国共产党中央办公厅主任杨尚昆，中央人民政府公安部部长罗瑞卿，邮电部部长朱学范，交通部部长章伯钧。

看到中方一位总理，四位副总理以及众多党、政、军高级领导来机场迎接自己，泽登巴尔不禁连连向周恩来总理表示感谢。

泽登巴尔

访华的代表团成员共七人，和泽登巴尔同机抵达的有副总理兼外交部长恩·拉姆苏伦、外交部总秘书长普尔布扎勒、东方司副司长都勒布尔金、泽登巴尔的秘书乌勒吉巴雅尔。代表团的另两位成员：教育部长巴·锡林迪布、驻华大使博·贾尔卡赛汗已先期在京。

周恩来总理与泽登巴尔身后的代表团成员一一握手，欢迎他们的到来。

随后，贾尔卡赛汗大使向泽登巴尔介绍在场的各国驻华使节：罗马尼亚驻华大使鲁登科，德意志民主共和国驻华大使衔外交使团团长柯尼希，匈牙利驻华大使夏法朗柯，保加利亚驻华大使彼得科夫，缅甸驻华大使吴拉茂，朝鲜驻华大使权五稷，捷克斯洛伐克驻华大使康萨拉，波兰驻华大使基里洛克，印度驻华使馆公使高尔，苏联驻华使馆临时代办顾德夫，越南民主共和国驻华代表团一等秘书周亮，印度尼西亚驻华使馆二等秘书汤杜茂，巴基斯坦驻华使馆二等秘书伊夫提加·艾里。

作为新中国成立后到访的第一位外国政府首脑，泽登巴尔不仅在机场，而且在接下来的整个访问行程中，都受到高规格的接待。泽登巴尔的此次来访在新中国外交史上写下浓重的一笔，创造了新中国对外接待工作的多个第一。

下榻新中国第一座国宾馆

检阅完仪仗队，周总理陪同泽登巴尔走出机场，乘车前往下榻的迎宾馆。礼车一路驶向东交民巷，在一处幽静的院落内停下。

按照以往惯例，所有来华访问的外宾都住北京饭店。但接待泽登巴尔却属例外。

9月20日，外交部交际处（外交部礼宾司前身）突然接到总理办公室的通知：

为给蒙古代表团提供更好的生活条件,决定破例安排蒙古代表团入住东交民巷8号原法国领事馆。请交际处会同政务院机关事务管理局即刻启动对该处房屋的改建工作,并限在9月26日全部完工,包括内部布置。

这一特殊的安排,凸现出了中方高层对这次外事活动的重视。

接到通知已是星期六下班时间,各个单位都找不到人了,改建工作实际上从21日开始。时间紧,任务重,工地上800多名工人轮班夜以继日地不停忙碌。人多力量大,24日晚上,土建工程基本完成,购买的家具也已送到。25日开始内部布置,28日,抢在蒙古代表团到达的前一刻,全部工程完工。

经计算,整个改建工程花费约104 660 000元(1955年发行的第二套人民币1元等于当时第一套人民币1万元)。

与此同时,人员调配工作也在紧锣密鼓地进行。根据接待工作需要,迎宾馆配备干部及勤杂人员62人,其中干部21人,服务员、通讯员、招待员、司机、花匠、水电工人、锅炉工等共41人。这些人员都是在短短的几天内,从中央和国家机关各部门抽调来的。有的干部头天还在原机关上班,接到通知,第二天就到迎宾馆报到来了。

自此,新中国有了第一座国宾馆。到1959年钓鱼台国宾馆建成,这里先后接待了几十位国内外政要名人。

国 庆 观 礼

29日,即到达的第二天,泽登巴尔一行受到毛泽东主席的接见。晚上,泽登巴尔出席了周恩来总理举行的盛大招待会。

9月30日,泽登巴尔出席了毛主席举行的国庆3周年招待会。

10月1日,作为此行的最高礼遇,泽登巴尔应邀观礼,观看国庆阅兵式及群众游行。

上午10点,毛泽东主席登上天安门城楼。泽登巴尔以及中央人民政府各位副主席随即走出休息室。工作人员引领泽登巴尔站立在毛主席的右侧。

庆祝游行下午1:50结束,蒙古代表团返回驻地。当路上听说当天出席国庆典礼的各界群众有50多万人后,他们一再表示:场面太宏大了,群众太热情了。

从1949年开国大典至2009年建国60周年,共举行了14次国庆阅兵。1949年至1959年建国10周年,每年一次,共有11次。这期间,除泽登巴尔外,登上天安门城楼的外国元首和政府首脑还有:1956年10月1日,印度尼西亚总统苏加诺、尼泊尔首相阿查里雅出席了国庆7周年阅兵典礼;1959年,苏共中央第一书记赫鲁晓夫等出席了国庆10周年大阅兵。泽登巴尔是外国元首和政府首脑出席新

1952年国庆大阅兵(泽登巴尔在天安门城楼上观礼)

中国国庆阅兵观礼第一人。

签 署 协 定

作为此次访问的一项最重要和最主要内容,10月4日,泽登巴尔代表本国政府与周恩来总理签署了《中华人民共和国和蒙古人民共和国经济及文化合作协定》。这是新中国历史上第一个在北京由中外政府首脑签定的协议,缔约双方共同议定:"同意在经济、文化、教育方面,建立、发展及巩固中华人民共和国与蒙古人民共和国间的合作。"同时商定:"有关经济、贸易及文化教育部门之间将分别缔结具体协定。"

签字仪式后,两国总理发表讲话,对协定给予高度评价。

第二天,《人民日报》发表题为《中蒙两国友好关系的新发展》的社论,高度评价协定的历史意义。

为配合泽登巴尔对新中国的访问,进一步加强两国的合作,蒙古人民共和国在1952年10月1日至10日举办了"蒙中友好旬"活动。

从9月30日起,蒙古首都乌兰巴托各处装扮一新,迎接"蒙中友好旬"的开幕。街道两旁悬挂着中蒙两国国旗和标语。在市中心国家剧院门前,正中悬挂着斯大林的巨幅画像,两旁是毛泽东主席和泽登巴尔的画像,以及用中蒙文写着"蒙中两国人民牢不可破的友谊万岁"的大标语。广场周围的建筑物上,并列着毛泽东、刘少奇、周恩来、朱德和泽登巴尔等蒙古领导人的肖像。

活动期间，蒙古首都乌兰巴托及全国18个省的省会城市举行了各种报告会，宣讲两国经济、政治和文化合作的意义，介绍中华人民共和国的建设成就。电台全天播放中国歌曲和介绍新中国建设成就的节目。全国各地剧院和俱乐部举行了中国歌舞晚会或关于中国名作家作品的文艺晚会。

中国政府派出文艺代表团以及中国歌舞团参加"蒙中友好旬"的活动。代表团由中华全国文学艺术界联合会全国委员会委员、作家周立波任团长。团员包括：中南剧院院长、剧作家丁毅，中央美术学院教授、美术家兼文艺批评家王朝闻，内蒙古自治区文艺工作者布赫，中国戏曲研究院古典舞工作团副团长、著名演员张云溪。中国歌舞团由丁毅兼任团长，布赫、张云溪兼任副团长。团员94人。

友好旬期间还举办了中华人民共和国工业展览。展览占地二千多平方米，展出中国工业产品近二千七百种。

观看越剧表演

10月4日，协定签字仪式结束，晚上6点，毛泽东主席在中南海勤政殿设宴招待泽登巴尔一行。早在听取驻华大使贾尔卡赛汗汇报时，大使便告诉泽登巴尔，这次宴会，是他所知道的新中国成立以来，中方接待外宾规格最高的一次。中方主要陪同人员包括：

中央人民政府副主席朱德、李济深，秘书长林伯渠，政务院总理兼外交部部长周恩来，副总理陈云、黄炎培、邓小平，最高人民法院院长沈钧儒，人民政协全国委员会副主席陈叔通，人民革命军事委员会代总参谋长聂荣臻、副总参谋长粟裕，总政治部副主任萧华，政务院财政经济委员会副主任兼财政部部长薄一波、副主任贾拓夫、副主任兼对外贸易部部长叶季壮，政务院文化教育委员会副主任兼教育部部长马叙伦、副主任陆定一、副主任兼文化部部长沈雁冰、副主任习仲勋，中共中央办公厅主任杨尚昆，中央人民政府部长罗瑞卿、章乃器、滕代远、朱学范、章伯钧、李书城、梁希、李立三、李德全、赖传珠等。

宴会在热烈而友好的气氛中持续了近两个小时。

宴会结束，毛泽东主席陪同泽登巴尔走出勤政殿，来到怀仁堂观看越剧《白蛇传》。

这次演出安排事先经过了精心部署。当时，正值第一届全国戏曲观摩演出大会在北京举行。华东越剧实验剧团（上海越剧团前身）除携带《梁山伯与祝英台》参加会演外，还带去由袁雪芬、范瑞娟、傅全香主演的《白蛇传》作为展览演出。《白蛇

中国首次接待来访外国政府首脑的幕前幕后 | 167

《白蛇传》剧照

传》在解放前作为时节戏,常在端阳节演出。1952年秋,经华东戏曲研究院创作室重新编剧,内容上去芜存菁,去掉了旧戏夹有的迷信、荒诞成分,更加突出白素贞善良美好的心灵。该剧在会演期间受到观众的广泛好评。

在安排4日毛主席宴请之后招待会的内容时,周恩来总理批示:演越剧。

依照总理指示,文化部最终选定了《白蛇传》。这是第一次用越剧招待外国贵宾。这之后外交部,越来越多地安排越剧招待来访外国贵宾。1953年10月,为了招待朝鲜首相金日成,华东越剧实验剧团根据周恩来总理指示,排演了《西厢记》。11月23日晚,周总理陪同金日成在怀仁堂观看了该剧。1954年初夏,范瑞娟、傅全香、张桂凤等主演的《梁山伯与祝英台》,在杭州招待金日成。9月29日,《西厢记》在怀仁堂招待应邀前来参加国庆5周年典礼的罗马尼亚、蒙古、捷克斯洛伐克、匈牙利、民主德国、保加利亚、越南、阿尔巴尼亚等8国政府代表团及各国驻华使节。10月22日晚,《西厢记》招待印度总理尼赫鲁及其女儿英迪拉·甘地夫人。12月13日,华东越剧实验剧团二团的《春香传》,招待缅甸总理吴努。这是后话。

赴外地访问

10月5日下午,泽登巴尔在外交部交际处处长王倬如的陪同下,乘专列赴南京、上海、杭州访问。

此前两天,为指导地方上做好蒙古代表团的接待工作,交际处韩叙科长已先期赶赴三地,检查接待准备情况。

韩叙传达了外交部领导的指示:

只准做好,不准做坏。尽一切可能给泽登巴尔总理及代表团以方便。

并明确了接待蒙古代表团的标准,其中伙食标准为:每人每天拾万元(不含水果、点心、饮料)。

他特别提醒:(泽登巴尔)不喝烈性酒,并且一餐只喝一种酒。喜吃鸡、炸鱼、蔬菜,不爱喝浓茶,喜吃葡萄、香蕉。

地方上对蒙古代表团的到访给予高度重视。仅举一例:泽登巴尔乘坐的专列每到一地,当地最高领导均亲自到车站欢迎。

5日晚上8:24,专列经停天津,天津市副市长吴德、周叔弢等到车站欢迎。

6日凌晨4:07列车驶入济南车站。蒙方原以为时间太早,而且又是临时停靠,地方上不会有人出面。没想到火车缓缓停下后,蒙古代表团惊讶地发现,山东省政府副主席刘民生,省军区司令员许世友,济南市副市长陈川等当地各级领导早已在车站等候多时。上午11:28专列路过徐州,市长张光中、副市长程秉文在车站迎候。当晚8:00,代表团到达南京。南京市长柯庆施、副市长金善宝等到车站迎接。

8日上午代表团离开南京,下午3:00抵上海。华东军政委员会副主席谭震林,华东军政委员会秘书长吴克坚,华东军政委员会文化教育委员会主任舒同,淞沪警备司令部副司令员廖容标,华东军政委员会财政经济委员会副主任方毅,华东军政委员会公安部副部长王范,上海市人民政府副市长潘汉年、盛丕华,上海市人民政府文化教育委员会主任夏衍等到车站欢迎。

10日上午9:30泽登巴尔一行离开上海,下午1:05抵达杭州。到车站迎接的有:浙江省人民政府副主席谭启龙、包达三,浙江省军区司令员王必成,杭州市长吴宪、副市长刘开渠等人。闲聊时,王倬如得知:为避免有人迟到,谭启龙要求列车到站前一小时,所有去车站人员到他那里集合,一起出发。

11日晚8:00,蒙古代表团离开杭州,13日晨8:45返抵北京。

泽登巴尔一行在外地参观访问往返共8天,在上海、杭州各停留一天半,在南京停留一天。

在上海,泽登巴尔重点考察了工业建设情况。

10月9日下午2:30,在潘汉年副市长的陪同下,泽登巴尔来到虬江机器厂参观。

还没到厂门口,就能听见震耳欲聋的锣鼓声,很早,厂长方休就率工人们敲锣打鼓在此迎接。

泽登巴尔高兴地与方厂长和工人代表一一握手。来到会议室,方厂长向泽登巴尔介绍了工厂情况。他告诉泽登巴尔:解放前,这里还是一个小作坊,只能手工制作几种简单的农具。解放后,厂子发生了翻天覆地的变化,现在已经可以生产加工多种复杂机械,许多产品已经达到国际先进水平。泽登巴尔全神贯注地听着介绍。厂长讲完,他问道:你们现在还生产新式农具吗?当得到肯定的回答后,泽登巴尔若有所思地点点头。

随后,方厂长陪同泽登巴尔来到车间。一路上,泽登巴尔看得很认真,不时停下脚步,俯身仔细查看。参观持续约两个小时,走出车间,泽登巴尔深有感触地对方厂长说:

我相信中国在不久的将来,会很快地从农业国变成工业国。你们厂各方面工作的开展情况就是明证。我谨祝你们将来在工业上取得胜利。

随后,泽登巴尔一行坐车前往上海电力公司。除此之外,在上海期间,泽登巴尔还参观了织染厂、中国福利会托儿所、曹杨新村,并登上上海大厦俯瞰上海全貌。

蒙古代表团在南京、杭州两地的行程也非常紧凑:

在南京,(蒙古代表团)曾谒中山陵并献花,游灵谷寺、音乐台,参观紫金山天文台、地质研究所并游玄武湖;在杭州,参观了麻纺厂,西湖中山公园的工业馆和农业馆,游览了西湖的各处景点及钱塘大桥、六合塔等。

在外地参观期间,还发生了一段小插曲。10月7日,泽登巴尔在南京结束上午的参观,感觉肌肉紧张,头痛,浑身没有力气,随行医生一量体温,37.6℃,下午2点半,烧到38.2℃。初步诊断为风寒感冒。众人分析,肯定是头天受凉了。原来,前一天晚上,乘火车经过长江时,泽登巴尔很感兴趣,坚持要打开车窗好好看看。随行人员劝他,晚间风大,关上车窗,他并不理会,一直趴在窗边,饶有兴致地欣赏江上的景色。王倬如将泽登巴尔得病一事立刻在电话中向周总理作了汇报。为慎重起见,王倬如请来南京市第一医院许国庆院长给泽登巴尔做仔细检查,确诊为感冒。对症用药后,感冒很快好转,当天晚上体温降到36.8℃,已基本正常。

周总理几次来电话询问病情进展。泽登巴尔听说后非常感动,两次对王倬如说:

离北京这样远,周总理仍这样关怀我们,我真感谢!

10月的南方天气转冷,蒙古客人还都穿着单衣。担心代表团成员再次患病,王倬如几次提出给他们量做大衣,都被婉言谢绝。在杭州,王倬如觉得实在是冷,便坚持为代表团每人买了件绒衣和毛衣御寒。

驻华大使招待会

回到北京后,蒙古政府代表团相继参观了北京图书馆、清华大学,游览了故宫、颐和园、北海、天坛等名胜古迹。

10月15日,蒙古驻华大使贾尔卡赛汗在北京饭店举行招待会,欢迎泽登巴尔和他所率领的蒙古人民共和国政府代表团。

会场布置很简单,在宴会厅的正面挂着蒙古(中间)、中国(右)、苏联(左)国旗。留声机里放着蒙古音乐。泽登巴尔早早地便在宴会厅门口迎候客人。中国党、政、军各界政要共二百余人参加了宴会。

此前,10月13日,外交部还特意发函提醒各单位:

我部奉总理指示:被邀人员除因特殊事故外,届时务必前往参加。

晚7:00,宴会开始,泽登巴尔总理和朱德副主席先后致词。

席间宾主频频举杯,现场气氛友好而热烈。

启 程 回 国

10月16日,泽登巴尔收到周恩来总理的赠礼。

礼品经过精心准备和挑选,包括:

湘绣泽登巴尔画像一幅;地毯一块;万寿无疆瓷餐具一套(94件);福建漆博古挂屏四扇;挑花台布一块;织锦缎二疋(即匹,作者注);像片本一册(内装泽登巴尔访华的照片,作者注)。

10月18日,临上飞机回国前夕,泽登巴尔特地请迎宾馆的工作人员以及随团翻译、医生等到他的房间,他向每位工作人员敬酒,感谢这段时间对代表团的热情招待。

马上就要离开北京了,在机场发表的讲话中,泽登巴尔再次表达了他的诚挚谢意:

在我们离开伟大的中华人民共和国首都——殷勤待客的北京之前,我谨代表我们政府代表团向伟大的中国人民、中华人民共和国政府及主席毛泽东同志对我们的热烈招待和亲切关怀,表示热诚的感谢。

……

后 记

泽登巴尔此后还两次访华。1959 年率蒙古党政代表团参加我国庆 10 周年庆典;1962 年来华签署《中蒙边界条约》。

自 1952 年起,在长达 32 年的时间里,泽登巴尔一直集蒙古党、政、军大权于一身。1984 年 8 月,泽登巴尔被解除一切职务,与其苏联籍妻子寓居于莫斯科。1990 年 3 月,蒙古政局发生变动时被开除出蒙古人民革命党。1991 年 4 月 20 日在苏联逝世,享年 75 岁。1997 年 2 月,被恢复党籍,10 月,蒙古国总统巴嘎班迪发布命令予以恢复名誉。

附记:

首位访问中华人民共和国的外国政府首脑:蒙古人民共和国总理泽登巴尔

尤睦佳·泽登巴尔,1916 年 9 月 17 日生于蒙古乌布苏省布斯特县。1929 年赴苏联求学,先后就读于伊尔库茨克工农财经速成中学和西伯利亚财经学院。在苏期间,泽登巴尔被斯大林选定为当时蒙古最高领导人乔巴山元帅的接班人。

回国后,1939 年加入蒙古人民革命党。同年即任财政部长兼国家工商银行行长。次年,1940 年,年仅 24 岁的他在蒙古人民革命党第十次代表大会上当选为中央委员、中央主席团(1943 年起改称政治局)委员和中央委员会总书记,成为事实上的党的第二把手。1941 年至 1945 年,任人民军副总司令兼政治部主任。1945 年后,历任国家计委主席、副总理等职。

1952 年 1 月,乔巴山总理逝世,5 月 27 日,蒙古人民共和国大呼拉尔主席团任命泽登巴尔为部长会议主席(也称总理)。当选为部长会议主席后,8 月和 9 月,泽登巴尔先后出访苏联和中国。时年 36 岁的他成为社会主义各国中最年轻的领导人。

中国如何向美国记者采访开禁

张晶晶

1956年12月22日下午六时,一架从莫斯科来的客机降落在北京机场,舷梯上走下两名美国中年男子,他们是《展望》杂志驻苏记者埃德蒙·史蒂文斯和摄影记者菲力浦·哈林顿。

美国记者渥塞

两天后的香港启德机场,一架飞机又载来了35岁的美国黑人记者威廉·渥塞。他下机后匆匆坐车前往九龙车站,再换乘火车赴深圳罗湖口岸,于次日(12月25日)抵京,开始了为期四十一天的中国之旅。

就这样,上述三人成为冲破美国国务院禁令,首批赴新中国采访的美国记者。

得益于我国外交解密档案的开放,中美关系史上这一非同寻常却长期被忽略的往事终于浮出水面。

1956年8月,中国首邀美国记者来华

早在1949年上半年,毛泽东就设想了"另起炉灶"、"打扫干净屋子再请客"和"一边倒"的外交方针,提出要在平等的基础上同世界各国建立有别于旧政权的、新的外交关系。为了与美国为首的帝国主义阵营划清界限,新中国成立伊始,即对外国在华机构和人员进行了清理,除了社会主义国家的新闻机构和记者以及西方部分左派政党的党报记者之外,尚未与新中国建交的国家的通讯社和记者基本停止了在华活动。

美国方面,1950年代初期受极端反共的麦卡锡主义和朝鲜战争的影响,一度将中国视为危险的敌人。但美国人对共产党领导下的红色中国满怀好奇,高度市场化的美国新闻媒体为迎合受众的需求,早已不满足于被动地等待和转发第三国采写的关于中国的报道,一旦政治环境松动,他们便纷纷试叩进入中国的大门。据我国外交部新闻司统计,从1950年初至1956年4月底,申请来华采访的美国记者共有82起(65人),代表美国27家新闻机构(包括报刊、通讯社和广播公司)。其中1950年至1953年仅有9人,1954年底麦卡锡主义破产,当年有16人提出申请,1955年陡升至35人(其中7人为再次申请),1956年仅1至4月就有22起。这些记者有的致函我外交部,有的通过我驻南、捷、匈、印

美国摄影记者哈林顿

(度)使馆和驻英代办处申请,也有的直接给我领导人写信。

对于我国而言,"一边倒"的外交政策是特定历史条件下的必然选择,却并非长久之计。1950年代中期,我国做出了缓和中美关系的尝试,1955年8月开启了后来持续17年的中美大使级会谈。正如周恩来总理1956年12月访问印度时在记者招待会上表示,"自从万隆会议以来我们一直在尽最大的努力来改善和美国之间的关系"。这一真诚愿望的具体表现之一就是取消不准美国记者入境的禁令,并且争取互派记者。当年的一份"绝密"文件——外交部政策研究室于1956年6月7

日上报的《关于允许美国记者来华的建议》，清楚地表明了我国在这件事上的外交考虑：

美国报刊、通讯社、广播公司等曾经先后要求我国允许他们派记者前来采访报导。对于这些请求我们都搁置未理。最近这类请求似又活跃起来。

中美关系正常化一时尚难望实现。我们如能从民间接触、文化交流方面逐渐打开通道，扩大影响，推动各方面的进展，不失为目前较为现实可行的途径之一。我们对英法记者即已基本上开放，对更重要的美国，特别是今年大选，而美国目前正处于外交困境。我们在有关中美关系方面需要增加压力和影响的时候，如能适当地让一些美国记者来我国进行第一手的采访报导，可能收到比较好的效果。通过这些记者，我们还可以灵活地运用，更多影响美国，效果将比通过我们自己的新闻或广播机构大，也比通过英法的间接影响为大。

当然，批准美国记者入境采访并不是一夜之间做出的决定，而是经过长期的酝酿和准备。根据已解密的外交档案，至少从1956年1月开始，外交部新闻司就有选择地对申请来华的美国记者本人和所属新闻机构的情况进行详细调查，包括记者简历、影响力、最近言论、政治立场等。7月间，外交部新闻司召集记者联谊会、公安部、中指委(中央国际活动指导委员会)、外交部美澳司等单位商讨接待美国记者的方案，并确定了组织和分工：记者的生活问题(如食宿汽车等)由国际旅行社负责解决；从外交部、外文出版社、旅行社、外语学院抽调译员干部15名协助翻译工作，配备水平较高的英语译员，集中学习政策一星期；召集北京各大报刊，讨论准备工作；由中宣部和中指委发通知给有关单位，动员做好接待美国记者这项重要的政治工作；拟请国务院同意拨给新侨或其他饭店住房15间及小汽车5辆，由旅行社掌握，专供美记者租用。

8月5日，我国政府正式向美国15个重要的新闻机构发电，邀请他们派记者来华作为期一个月的访问。这些记者包括《纽约时报》三名，《基督教科学箴言报》、《纽约邮报》、《纽约先驱论坛报》、《圣路易斯邮报》、《生活与时代》杂志、哥伦比亚广播公司、《美国新闻与世界报道》、《危机》杂志、国际新闻社、合众社、美联社、全国广播公司、《商业周刊》各一名，自由投稿者一名。

消息经美、英、法通讯社报道后，立即引起轰动：次日(8月6日)有10名记者来电申请访问我国，但与此同时，美国国务院发言人怀特在记者招待会上表示，美国记者到中国访问是"违反护照法的"。7日晚，美国国务院发表正式声明，提出只要在中国仍有在囚美犯，美国人赴华访问就不能被认为是"符合美国的最大利益的"。美国国内舆论一片哗然，其中尤以被批准记者所属报社的反对最为激烈，纷纷纷发表社论攻击国务院的这一决定,美国报纸编辑协会新闻自由委员会主席和一些重要新闻机构的代表,去电或去函国务院提出抗议。但国务院立即回应,再度表明其强硬立场。美国的报社老板们认识到国务院的态度已相当坚决,转而想各种办法钻美国法律的空子,争取来华。如美联社驻香港记者来电询问,鉴于国务院不发护照,没有护照是否也可以取得访华签证。时代生活出版社则让一个英国人来申请,以防万一美国记者不能来华的情况发生。

随着我国批准美记者入境期限日近(8月20日),美国记者已开始在香港集中,其中有记者6名特从第三国抵港,准备入境。我外交部原拟考虑同意记者不用护照而用外国人入境证入境,但为了更有利于今后的工作,外交部没有立即允诺,在19日复电给来电询问的两名记者表示同情他们的困难而延长他们的入境期限,在期满时再放他们入境。同时又于20日批准了10名记者访华。

20日,即美国记者可以入境的第一天,美国国务院代理国务卿小胡佛发表声明说:"总统(艾森豪威尔)已经授权国务院表明,总统完全同意国务院在1956年8月7日就前往共产党中国问题所发表的政策声明。"在美总统亲自干预之下,美国媒体陆续致电我外交部,表示不能来华,或延期至美国大选后再来。

叩开了中国大门的美国媒体本处于兴奋状态,却被美国政府迅速而强硬的反应兜头泼了桶冷水,虽然他们也进行了抗争,但只能无奈放弃,被迫止步。由此看出,麦卡锡主义虽然落幕,但它的影响却是深远的,从艾森豪威尔之后的几届美国政府在对华问题上一以贯之地采取僵硬政策。记者访华代表中美关系的某种缓和,这更是共和党与民主党在竞选期间极力要回避的。

我国自8月5日发出批准电后,中央和各地有关单位都把接待美国记者的工作当作一项重要的政治任务来看待。外交部新闻司司长龚澎还亲自去上海,对上海及广州方面的工作做了安排。各地在接到指示后都已着手准备,有的已经成立了接待办公室,集中了翻译人员进行学习。为了接受美国记者的访问,外交部就中美之间的敏感议题,准备了材料给各有关部门负责人,以备美国记者提问时进行回答。

为了继续争取美国记者来华,至9月4日我国又向一批记者发出了批准电,但他们都未能如期前来。而我方的准备工作仍没有松懈:新闻司的接待美国记者办公室暂不解散,继续准备材料;翻译人员仍集中在办公室继续学习;美澳司的同志暂回原岗位工作,但随时待命。

三名美国记者冲破禁令来华,被撤护照

1956年底,34名曾获准访华的美国记者中,有三名不顾美国国务院禁令,重新

提出了访华的要求,他们就是本文开头提到的渥塞、史蒂文斯和哈林顿。

渥塞(William Worthy)是美国两份黑人刊物的常任记者,一是在巴尔的摩出版的《非洲族的美国人报》(美国最大的黑人报纸之一),一是在纽约出版的《危机》杂志,同时兼任哥伦比亚广播公司无线电新闻部的代理记者。他很有才华,而且不吸烟不喝酒,对工作勤奋认真。他曾采访过朝鲜战争、亚非社会党会议、亚非会议,在万隆见过周恩来总理两次。1955年下半年去苏联采访,并曾在莫斯科电台向美国作新闻广播。他从反对白种人压迫有色人种的观点出发,反对美帝侵略亚非二洲的政策;支持尼赫鲁路线,主张"非暴力"等"和平主义"的立场。

渥塞能成为第一批访华的美国记者,一个重要的原因是他本人的执着和坚持。外交部保存的渥塞申请来华的电文来函、我驻苏联大使馆与外交部的来往电文、外交部内部的请示批复等档案显示,他从1953年4月起就通过我驻苏联大使馆多次申请访华,前两次我方并未置理。1955年7月11日他在莫斯科给周总理写信,并表示如果美国务院拒绝发给他来华护照,他准备在美国联邦法院和国务院打官司。1956年8月5日,我方批准他访华,当时他在非洲采访,没有及时接到电报而耽误了时间,接着他获得了尼曼奖金(全球历史最悠久的新闻从业人员进修奖学金——笔者注)赴哈佛大学进修,只好暂时作罢。11月27日,他再度来信表示想利用寒假访华,要求我方再给他签证。1956年12月12日,时任外交部新闻司副司长的徐晃在呈交时任外交部副部长章汉夫的请示中写道:渥塞作为第一个访华的美国记者是有一定缺陷的,因为他本人代表性不强,影响不大,他所代表的报纸也是一个小报,读者范围有限。但考虑到,他是一个黑人,反对种族歧视,也主张"和平主义",估计他来华后还是可能写些有利于我们的报道。12月15日,外交部新闻司批准渥塞来华做一个月的采访,24日渥塞在广州领得另纸签证入境。

记者史蒂文斯(Edmond Stevens,1910—1992)和哈林顿(Phillip Harrington,1920—2009)供职的《展望》(Look),是柯尔斯报系的一份图画双周刊,1948年美国大选时支持共和党内较开明一派。该刊在艾奥瓦州出版,以刊登形形色色的广告图片、体育消息、医药卫生、家庭生活和人物介绍为主,并巧妙地穿插一些政治性的文章,每期行销200万份左右,特别畅销于美国中西部地区,是美国最大的图画周刊《生活》杂志的竞争者。史蒂文斯是该刊驻莫斯科的记者,时年46岁。据我国驻苏联大使馆了解,他长期在苏联,表现不坏,颇有才能,在美国新闻界有一定的地位和影响。他对苏联和人民民主国家的通讯报道一般是比较客观的,较少主观猜测和造谣污蔑。哈林顿是摄影记者,时年36岁,为《展望》工作已经八年多,许多封面照片出自他手,未发现有什么歪曲污蔑的镜头。他们两人于1956年8月29日申请,9月4日获得我外交部批准,我驻苏联、瑞典使馆发给他们一次入境另纸签证。

所谓"另纸签证",根据我外交部1955年10月《驻外使领馆办理外国人入境过境签证暂行办法》第四章第十二条的规定,发给同我国尚未建立外交关系国家的人员签证时,都不在其护照上签证,而是单独签注在一张专用纸上。这种做法主要是说明我国还不承认这些护照。我国对法、日、西德等未建交国记者也是这样办理。

入境后,史蒂文斯和哈林顿并不想声张行踪,试图避开其他在京外国记者和使节,但路透社记者漆德卫仍于12月26日报道了他们来华的消息。渥塞则毫不隐蔽,他来京后即与英代办处和印度使馆来往密切,24日外电已有报道。

对此,美国国务院的反应是逐步加强的:12月24日仅表示"遗憾",到28日则发表公报撤销三人护照,并威胁要根据"资敌治罪法"冻结三人在美存款。

渥塞在29日晚上听到美国国务院已经宣布撤销他的护照以后,表示自己一点也不着急,待回国后慢慢打官司争取护照。他还说美国国务卿杜勒斯这样做很愚蠢,对美国政府不利,美国新闻界会同情来华记者的。史蒂文斯和哈林顿接到杂志社老板的命令要他们立即离华,他们的情绪因此受到影响,但还是顶住了压力,尽量拖延回去的时间,继续采访。

据知情者分析,渥塞来华前经过长时间的周密准备,事前分别征求过他的报纸老板、"美国民权保障联盟"和尼曼奖金负责人的意见,均得到了支持,对美国国务院可能采取的经济方面的措施他也是有准备的。但史蒂文斯和哈林顿则不同,他们是驻外记者,护照吊销后就无法在国外工作了。

值得一提的是,渥塞返美后,两位知名律师曾帮助他打官司,向政府追讨护照,但以失败告终。随后,这位"不安分"的记者在没有护照的情况下,竟成功进入了古巴、越南、柬埔寨和印度尼西亚等国采访。直到1968年他才重新取得了护照。

三记者在北京获周总理接见

史蒂文斯、哈林顿和渥塞抵京后,到外交部办理了外国记者登记手续,分别自1956年12月27日和30日开始在京采访活动,又先后于1957年1月21日、2月2日离京飞往莫斯科。在华期间史蒂文斯、哈林顿二人曾前往上海、苏州、无锡采访九天,渥塞去上海十天,其余都在北京。

初来乍到,史蒂文斯表示中美间很久没有来往,美国读者对中国很陌生,他们作为第一批来新中国的美国记者,希望能全面报道一下中国。他们提出要求见毛主席和周总理,表示如果毛或周要向美国人民讲话,可以通过他们发表。还要求去东北和南方,采访长春汽车厂、钢铁厂、煤矿、农村,要和教授、学生、农民等普通人谈话。

渥塞更想获取一鸣惊人的独特新闻。他提出要见美国犯人,了解教会、教堂、教徒和外国传教士的情况,去东北和上海参观我国的工业建设,去福建证实国民党飞机是否常来骚扰,他还提出要求见周总理,谈谈中美关系的问题,并且一再奔跑邮电部和广播电台,要求对美国做新闻广播。

他们的采访"野心"部分得到了满足。获得我方的同意后,渥塞与哥伦比亚广播公司取得了联系,在12月29日上午10时对美国作了第一次广播。内容包括两个问题:关于《人民日报》文章《再论无产阶级专政的历史经验》的评论和关于在华美犯问题。他认为,《人民日报》文章的发表,打破了西欧关于中国会走铁托路线的猜测,而中国则以这篇文章表明了他们已经抛弃了东西方和平共处的论调,把美国当成是共产主义的头号敌人。渥塞由此得出结论:"共产主义时时刻刻是要消灭我们的。"关于在华美犯的,他大胆推测可能被提前释放。他又说,根据周总理在印、缅等国对记者的谈话和中国政府过去宣布的允许美犯家属探望的声明,他作为记者是可能被允许去访问美犯的。谈到目前情况时,他说:"目前正在通过日内瓦中美会谈和在北京的外交途径,不断地对周恩来总理施加压力,要他释放这些犯人。"

在京期间,三名记者在国际旅行社翻译的陪同下,游览了故宫、颐和园、长城、景山、中山公园等名胜古迹;参观了天主教北堂、基督教公理会、石景山钢铁厂、国棉一厂、荣宝斋、象牙雕刻生产合作社、第三玉器生产合作社、北京大学、清华大学、中央民族学院、儿童医院、中医针灸门诊部、妇幼保健实验院、第五幼儿园、中级法院(旁听审理离婚案)等单位;访问了画家齐白石、水利部部长傅作义、政协委员翁文灏、《大公报》名记者朱启平和几位在华的美国教授和留学生等人;观看了电影、京剧和舞蹈演出。

他们在参观采访中,比较关注的问题有:解放台湾问题,美犯情况,我国留学生回国后情况以及对美国的反映,人民生活水平,工资待遇如何,有否休假规定,各部门党、团员比例,以及中国人对美国的看法。

陪同翻译发现,史蒂文斯、哈林顿随身携带了一本已翻阅得很旧的法国《现实》画刊,这本画册是1955年年底法国记者古塞夫妇来华采访后出版的中国专刊,内容大部分强调我国落后现象。受此影响,一开始史蒂文斯、哈林顿表现比较拘谨,心里有很多疑问,但不敢主动提问题,但每当翻译提到一个问题时,他们就一再追问。

红色中国的许多事物都让他们倍感新鲜。外交部新闻司的报告记录了史蒂文斯、哈林顿二人一些有意思的表现:

1. 他们对古画、古物非常感兴趣,进了古玩铺就不想出来,并一再追问能不能出口。他们在24日和26日两次就买了古玩古画共值200多元,他们还一再抱怨80年以上的文物不能出境的规定。

2. 他们在参观采访中提问题不多,也比较一般,主要活动是照相。他们拍的照片一般还可以,但对落后的镜头也很感兴趣。如一次在路上史蒂文斯看见小脚女人很奇怪,急忙叫哈林顿去拍,哈林顿表面上故意不拍,但实际上早已把小脚女人拍进了镜头。在儿童医院他们还拍了不少门诊部忙乱的情况和又病又瘦的小孩子。他们对中医很感兴趣,听说中药可以治绦虫,哈林顿表示他的朋友的儿子有绦虫,一直治不好,向院方索取了一包药。

3. 他们在国际书店和东安市场看到斯大林的画像和斯大林的著作感到很惊奇,并说苏联在十月革命节都不挂斯大林的像了。

4. 他们在英国代办处门口看到有很多抗议英法侵略埃及的漫画和标语很感兴趣。

经过参观访问,史蒂文斯、哈林顿对我国的初步印象是:商品比东欧多,人民愉快,有效率,并很"习惯于"组织起来。史蒂文斯对于我国知识分子有无"独立思考"的自由有所怀疑,对于我们的思想一致甚感担忧,对我们的人口增长率也有所疑虑。他们表示要了解中国,一个月的时间太短了,但他们一定要把所见所闻据实报道。据中指委办公室1957年1月23日的工作简报记载,他们对北京的反映如下:"北京充满了生气和色彩";"想不到国棉一厂竟是这么好,这么大"。看到国棉一厂托儿所后,表示从来没见过这么胖这么可爱的小孩;认为我们大规模地接种卡介苗和牛痘的做法是正确的,美国还没有这样做;认为中国的物价比苏联便宜;在中级法院旁听审理离婚案时,对审判员是个女青年感到"惊讶",详细地问了她的学历、经历,并表示"我从来没有见过这样年轻的法官",似乎怀疑这样的法官能否正确地审理案件;对故宫"不开放的地方太多"表示不满;对我国的舞蹈、手工艺品都很赞赏,但是,对现代的农村妇女、少先队员和解放军的塑像则表示不喜欢,认为"很难看,很低劣,是在中国看到的最不值钱的东西"。

1957年1月18日晚,作家谢冰心、萧乾、郭小川、冯亦代请哈林顿和史蒂文斯晚餐,席间主要谈家常,气氛比较融洽。作协送给他们最近一期的英文版《中国文学》。哈林顿表示《中国文学》宣传性太重,全部都是农业合作化的文章,他表示希望看一些别的东西。他一再说,如果中国作家要把他们写进文章里去,不要把他们写成受压迫的工人,他说他们工作很愉快,生活得很好,还超额完成了工作任务。

三名记者在京采访活动的高潮是得到周总理的接见。1月3日下午在机场,总理和史蒂文斯及渥塞握手时,哈林顿在旁照了相。得知和总理握手已摄入镜头时,他们很高兴。1月6日傍晚,总理在龚澎的陪同下,分别接受了他们的采访。

渥塞围绕"在华美犯"、"中美会谈"、"台湾问题"和"美记者访华"等敏感议题,向总理提出了八个问题。其中,他问道:

"美国政府要满足哪些条件才能使美国犯人立即获得释放?"总理的回答入情

入理:"不是什么条件,而是美国对日内瓦协议的执行。从两国在对方的侨民而言,美国的侨民要回国,任何时候都可以得到中国政府的批准;但是,在美国的几千名留学生却很难得到自由回到大陆来和家人团聚,他们还受到种种法律限制。至于犯法的人,中国从万隆会议以后就已经释放了44名犯人中的34名;但中国在美国的犯人一共有多少,我们都不知道;且到去年年底只放了一个中国犯人。从这两种事实来看,这是非常不公允的。现在的问题是美国首先要执行日内瓦协议。"

针对史蒂文斯、哈林顿提的七个问题,总理也一一回答。以下是外交部新闻司关于《展望》报道的中译稿:

如果不跟中国的高级领袖之一谈话,对中国的概述,不管它如何简短,都是不完全的。史蒂文斯和哈林顿在到达中国两星期以后,周恩来总理请他们去他在北平的简朴的一层楼的家里喝茶。下面就是他对他们所提的书面问题的答复:

关于中美关系:"我认为对中美关系带乐观的看法是有某些根据的。中国政府曾经多次表示愿意改善两国之间的关系,但是,我们感到遗憾的是:美国政府没有采取相应的步骤。我们希望这种情况会有所改进。"

关于台湾问题:"解放台湾是中国的内政,我们正在努力实现台湾的和平解放。这种可能性正在不断增长。我们正在考虑举行高级会谈来讨论和缓和消除中美两国在台湾地区的紧张局势。这是国际会谈。两者会谈的性质不同,但可以平行地进行。"

关于日本:"日本迟迟不能同中国恢复正常关系是由于美国政策的阻挠。现在的日本内阁表示在两国恢复正常关系之前先从贸易和其他方面改善关系。我们是赞同的。中日两国间的关系是会发展的,这种愿望是任何外来势力所不能阻挡的。"

关于在中国的美国犯人:"因为美国犯人的释放要根据中国政府屡次的声明,根据他们的表现和其他情况,而更重要的是根据美国对日内瓦协定的执行情况,即关于中国在美国的犯人的释放而定。因为1955年万隆会议以来,我们已经释放了44名美国犯人中的34名。而中国在美国的犯人,根据美国政府所提供的情况有30多名,其中只有一名被释放,而他还是一个精神病患者。"

这次谈话三星期后,美国国务院发表声明说,被关在美国监狱中的34名中国犯人中,十名已被假释,二名要求回台湾,另一名根据他的志愿,已被送回红色中国;其他犯人选择在美国服完刑期。在声明中还提到:"国务院重申,如果任何一个在美国的中国人希望回共产党中国而自以为受到阻挠的话,那么他应该马上直接找国务院或通过印度大使馆联系;他马上会得到回去的便利。"

结论必然是在这个问题上,或者在任何其他问题上,周恩来的话是不可相信的。但是,这并不能缩小他的辽阔的国家,以及在那里发生的,有历史意义的事件的巨大意义,也不能缩小中国在世界事务的这一紧要关头同美国隔绝的悲剧的重大意义。

该报道仅根据美国务院事后的声明就得出总理的话不可信的结论,把造成中美隔绝的责任推给了中方。有意思的是,《展望》杂志于1957年3月28日把这篇报道寄给了周总理,请求总理就这一报道发表评论。

在上海探视美国犯人

史蒂文斯、哈林顿和渥塞分别于1957年1月7日下午和1月15日夜间到达上海。他们在上海的最大收获是获准探视了美国犯人。

1月7日和10日,公安部给上海市公安局两次发来"特急"电报,对记者见美国犯人的有关事项进行了严格规定。

上海市公安局随即着手准备,并于14日进行了演习。

史蒂文斯、哈林顿二人于15日下午3时到达上海市监狱,经办理登记和宣布接见规则后,3时25分与美国案犯分别谈话,3时55分结束。史蒂文斯会见梅保罗,哈林顿会见格类斯,主要了解犯人在狱中的饮食起居、健康情况和家属及外界的联系情况,是否"洗过脑"(如是否每天上课,能否看到些书报杂志,是否知道国际上发生的事件,能否祈祷)等,也问到其他犯人情况。梅保罗和格类斯按实际情况各自做了答复。史蒂文斯对美犯的健康、狱中生活(吃得好,能听音乐、旅行)表示惊奇,并说:"美犯在押期间的旅行比美记者在中国旅行的地方还多。"哈林顿评论说:"从格类斯能吸乐根牌美国纸烟看出,美犯能接到国外包裹。"

整个会见过程都严格按照事先的规定进行。但史蒂文斯、哈林顿对不能照相一点很引以为憾,曾再三要求,甚至要求由我工作人员代照,最后史蒂文斯站在监狱门口由哈林顿照了一张像,作为采访美国犯人的证明。史蒂文斯、哈林顿当晚发往巴黎电讯一则,上海市公安局的报告称该电讯"内容一般尚可,但不完全符合实情"。

渥塞搭乘的航班由于天气原因延迟,到上海时已过了规定会见日期。我方破例准许他于16日下午会见美犯梅保罗,渥塞十分感激,写信向外事处致谢。渥塞所问问题与史蒂文斯相仿,只是更详尽些。他还送给梅保罗从上海国际书店买得的三本英文古典小说。最后问了梅保罗对中国宗教问题和对中国政治经济情况的看法,问他是否有了"转变"。公安局的记录中说"梅保罗的回答仍然很好"。

会见当晚渥塞就向国外作了广播,并九次向国外发出电讯,报道内容大致符合实际情况,口吻比史蒂文斯的报道和缓,并推断说,中国政府批准会见是提前释放美犯的象征,并想借此来影响美国舆论。

史蒂文斯、哈林顿在上海期间,除会见美国犯人外,第二个要求就是采访农业生产合作社,了解农民生活情况。上海市人民委员会外事处安排他们去虹星农业生产合作社采访,他们花了近一天的时间,深入了解了该社的总收入、社员的平均收入、农业税和收入的比例,地主富农参加合作社的情况,产品能不能由农民自由出卖、卖给谁、有无机械耕作,社内党组织及社主任(党员)本人入党经过等问题。但访问之后,他们认为这个社离城市太近,而且是"官方"介绍的,想另外找寻"真正的农村",因此要求坐汽车去苏州、无锡。路上他们四次停车,随机访问沿途农村,采访正在修路或挖河的农民,询问农民对合作社的看法等。

史蒂文斯、哈林顿还参观了妇女教养所、药水弄居民委员会、曹杨新村、第五装卸区、上海体育学院、人民游乐场、海员俱乐部和天主教帝王堂,访问了荣毅仁副市长、申新九厂私方厂长吴中一,观看了越剧演出。在与荣的谈话中,除了解城市建设的一般情况外,着重询问了荣的个人情况,如有多少财产,这些财产将来会怎么处理,当市长后是否还兼管企业,另有多少职务等,又询问了关于申新九厂的公私股比例、董事会中公股占多少、盈余怎样分配等。访吴中一时,主要了解为什么资本家拥护旨在消灭资本家的总路线,国营、合营为什么比私营好,定息取消后资本家怎么办,私人财产是否也要归国家所有等等。虽然吴中一深入浅出地做了说明,但史蒂文斯、哈林顿仍然表示不能理解。他们对吴本人过去受国民党排挤压迫的情况很有兴趣。史蒂文斯还要求采访一位居委会的女干部,后来采访到药水弄居委会主任委员(女),了解了居委会的性质、组织、职权、任务、工作人员是否领薪、当地居民的生活及主任本人的情况等。

他们曾请求当面采访全国人大常委会副委员长宋庆龄,宋未同意,但就他们的提问作了细致的书面答复。这些问题包括:请宋对美国人民说几句话;中国妇女在家庭中的地位有什么变化;中国妇女对节育的看法;宋在海外的亲属有无与现政权和解的可能。最后一个问题颇具难度,但宋的回答尤为巧妙:"我无从知道。不过我确实知道那些已经回来的人们,对解放以来中国人民在复兴我们国家的事业中所取得的巨大进步,是给予良好的评价的。"

史蒂文斯、哈林顿还在上海的街头巷尾到处拍照,上海的外事部门给予了他们最大限度的自由。但在食品公司时,工作人员过于紧张,居然不许他们为水果照相。

渥塞除采访美犯外,还参观了上海电影制片厂、市劳动局、上海音乐学院、中国福利会幼儿园、少年宫、儿童用品商店、徐汇天主堂、慕尔堂、国际书店、越剧院、上海制药三厂,访问了永安公司总经理郭琳爽,并在某些公共场所和街道上录音。

渥塞与劳动部门谈话,原是想了解中国的劳动介绍所的情况。他认为我们失业问题严重,介绍所门口一定排了很长的队伍,结果并非如此,所以只了解了一些基本情况,如失业人数、原因、解决办法。与郭琳爽谈话主要问资本家为什么愿意跟着共产党走、郭是不是共产党员等,谈话后由郭陪同参观了永安公司,郭对货物价格、与进口货的比较做了介绍。

渥塞访问上海电影制片厂主要是了解影片生产和翻译情况以及演员、导演、剧作家的收入和生活,最后要了一份曾在中国放映过的资本主义国家影片的名单。渥塞对宗教问题颇感兴趣,接触了许多宗教界人士,除问到中国教徒情况、是否还有人领洗、为什么外国传教士都离开中国、目前与外国宗教界的联系、是否欢迎美国宗教代表团来访问、政府对宗教活动是否干涉、是否有津贴、教徒是否被强迫学习马列主义等等外,还问了中国的社会、政治情况,如中美关系何时能恢复、上海市有多少区、公费医疗制度、粮食计划供应、居民委员会的组织与任务、公安局的工作以及选举制度等。

作为第一批访问新中国的美国记者,他们的采访所得在美国将有极大的新闻价值。因此除了会见美犯之外,他们采访的方针似乎是有闻必录。比较说来,西方世界对新中国关注最多的民主自由问题和人民的物质生活水平,这些都是他们注意的中心。

上海市人民委员会外事处1957年2月28日呈送给外交部的"(57)沪会外绝密二字第4号"报告,对三名美国记者在采访中的总体表现做了归纳:

……总的说来,他们在采访过程中表现得比较谨慎,不轻于表示意见和态度,他们没有多少敌意挑拨的言论,也不大和我们针锋相对地争论。对于我国建设的一些成绩,他们也表示承认。

在谈话中他们口口声声说"解放前"、"解放后",渥塞甚至对翻译说:"过去我写文章写到'北京',报馆总把它改成'北平',这次广播录音中文仍然讲'北京',他们是无法改变我的声音的。"渥塞又表示他虽然不同意共产主义,但同意不同社会制度的国家可以和平共处。他认为美国的禁运政策和不准美国人访问中国以及阻挠中国留学生回国都是愚蠢的做法。他们对我们市场的繁荣都有深刻的印象。渥塞说"上海比莫斯科更有生气",史蒂文斯说"这小城市(指苏州)的商品比莫斯科的还要多"。参观工人新村时,翻译表示虽然建筑了许多新村,房屋问题仍然严重,史蒂文斯说"解决这样的问题是需要时间的"。

当然,他们也怀着疑虑和戒心。特别是史蒂文斯,似乎非不得已不接受我们"官方"的安排。史蒂文斯和我们谈日程时要我们介绍节目,而且一本正经地记录下来,但实际上绝大部分没有接受。他参观虹星社时因社里有人出迎,他说"他们是事先知道的",因此一再问虹星社是否"典型",过去有哪些人来访问过。

总的说来,三个记者对在上海的采访似乎是满意的。我们对他们的采访要求大抵都予以满足,而对他们的自由活动则没有加以干涉和限制。从他们已经发出的电讯看来,他们的报道保持了一定程度的客观,基本上符合实际情况。

艰难推开记者互访的大门

渥塞、史蒂文斯和哈林顿不顾美国国务院的禁令来华后,美国国内重新展开了激烈的争论,除《芝加哥论坛报》外,大多数主流媒体纷纷谴责国务院的决定。《纽约邮报》认为美国国务院的做法是"美国历史上一次最傲慢、荒唐的新闻检查的举动",该报还向渥塞约稿,要他写五篇不少于500字的文章。与此同时,有20名美国记者继续申请访华。对此,外媒评论说,毛泽东成功地让美国新闻界去反对美国国务院。

美国国务卿杜勒斯在1957年1月5日的记者招待会上,声称中国邀请记者访华是"阴谋",并重申"只要是目前至少可以说是半交战状态的情况仍然存在,只要是我们还没有承认那个政权,那么,在任何情况下,我们都不会颁发前往共产党中国的护照"。杜勒斯的声明反映了美国政界在对华问题上固有的冷战思维,他们担心,若在记者问题上让步,一来传教士、商人及游客就将步其后尘;二来国际社会将把这当作美国承认中华人民共和国的信号。

针对美方的僵硬立场,周恩来总理1957年1月29日在尼泊尔首都加德满都对记者说:"这证明美国老是希望别人让步,而自己却不想作任何让步,这就是不能达成妥协的原因。只有双方向前走,我们才能握手。但是美国却甚至在我们伸出了手的时候也拒绝握它。"

这种僵持状况从1956年下半年一直持续到1957年的年中,在此期间,美国新闻界及各界有识之士为打破禁令积极努力着。在各方面的压力下,美国政府终于有所松动。1957年8月22日,美国务院发表公报,准许24家新闻单位每家派一人,到中国进行六个月的"试行"采访,"如果这些新闻记者能在中国自由报道,届时可以延长期限",但仍然强调美国人去中国大陆旅行是不符合美国政策的,或者说是不合法的,而且美国不打算给中国记者发放签证。

8月26日,《人民日报》发表观察家评论指出,不给予互惠条件是有悖国际惯例的。次日,杜勒斯在记者招待会上换了一种说法:"我们从来没有绝对规定任何中国共产党人都不能到我国来,就我所知,并没有任何人申请要来……如果有谁提出申请,我们将根据法律加以考虑。"

随着杜勒斯的松口,互派记者之事显露曙光。我方即着手选定赴美采访的第一批记者,他们是新华社驻伦敦记者彭迪、《大公报》记者陈龙、《人民日报》吴文寿

为表彰渥塞(中)对新闻事业的贡献,2008年美国尼曼基金会授予他特别奖励

和中央人民广播电台的杨兆麟等四人,并就他们向美方提交申请的方式途径也进行了设计。1957年9月3日,中宣部在送外交部党组、中央组织部的公函中写道:这四名同志"已经我们审查,政治历史上没有问题,可以出国"。

1957年9月12日,中美第七十次大使级会谈中,中美会谈首席代表王炳南代表我方提出了互派记者的提案:"在平等互惠的基础上,准许对方新闻记者前来各自的国家,进行新闻采访,以促进中美两国人民之间的相互了解。"不料,美国大使约翰逊竟借口去年中国提出允许美记者来华访问时并未提出互惠条件,拒绝了这个提案。

由于美国坚持不给中方以互惠,1950年代中期中美之间一次可能的文化交流就此搁浅。

1960年代,在美国肯尼迪和约翰逊两届政府任内,中美又就记者互访进行了多次磋商,但由于台湾问题上无法妥协的分歧和"文革"的爆发,记者互访始终未能实现。

一直到1972年2月尼克松总统访华,美国才第一次派大批记者到中国访问,记者互访和两国文化交流的大门才打开。

老挝王室子弟中国留学记

周晓瑛

新中国成立后,由于意识形态和价值取向等原因,来华求学的外国留学生大多来自社会主义国家和亚非拉等第三世界国家,而其中也包括了一些国家领导人的儿女。据有关文献披露,1949—1966年期间,中国先后接受了柬埔寨王国西哈努克亲王、老挝王国首相贵宁、老挝王国苏发努冯亲王等外国领导人的子女来华留学。

"红色亲王"苏发努冯

1938年,苏发努冯和妻子薇昂堪（原名阮姬南）在越南结婚

这些外国领导人的后代在我国的学习情况,以及围绕他们的学业所发生的种种轶事,是一个非常吸引笔者的话题。通过查阅中国外交部解密的一批档案,笔者找到了十几份记录老挝苏发努冯亲王子女——阿努冯王子和妹妹若乔马妮公主当年在华期间学习、生活情况的珍贵文献,这些曾经标注着"绝密"字样的档案,至少为我们解密了五十多年前,这两位老挝王室子女在中国留学的真实故事。

一

1961年8月14日,外交部接到我驻越南大使馆的"加急"电报,称老挝爱国战线向我方正式提出,将派苏发努冯的两个孩子前往中国留学。8月30日,驻越使馆再次发电报,报告苏发努冯一子一女的情况和学习要求:

阿努冯·苏发努冯,男,又名阮文明,劳动青年团员,1940年生,高中毕业,精通越文、泰文,略懂中文,希望入我国工科大学电力系水电专业学习。

若乔马妮·苏发努冯,女,又名阮娇娥,1944年生,在越南二级普通学校8年级学习(相当于我国高中一年级),懂老文和越文,略懂俄文,不懂中文,希望继续入中学学习,并另学些音乐。

苏发努冯是中国人民敬重的好朋友,出身老挝皇族的他,素有"红色亲王"的赞誉。老挝人口只有六百万,但地处要冲,与中越泰缅柬等五国接壤,被美国侵略者视作必须拔掉的"东南亚瓶塞",在此危急情势下,苏发努冯亲王放弃优越的生活,毅然领导民众投入抗美救国斗争,也因此被中国领导人毛泽东称为"伟大的爱国者"。

1960年,苏发努冯王妃(右一)及子女同越南领导人胡志明(右三)的合影,左四为若乔马妮公主

对于老挝方面的留学请求，外交部非常重视，姬鹏飞、廖承志等国家对外文委、外交部领导先后作批示，并具体要求：

一、安排他们到外国留学生预备班学习中文，待中文学好后，再根据其专业要求安排到有关学校学习；二、生活待遇方面全部费用由我方负责；三、了解他们生活和学习的情况，解决他们生活和学习上的要求，以及假日和节日时的某些特殊照顾。

几日后，外交部给我驻越使馆电："同意苏发努冯的两个孩子来京学习，请向寮方表示欢迎。"为表示我方的诚意，外交部副部长姬鹏飞在途经越南时，还专程与老挝有关人士碰面，就两兄妹赴中国留学日期进行最终确定。

9月25日，搭载着苏发努冯两位子女的国际列车终于抵达中国首都北京，在新华社记者兼老挝语翻译孙士宗的一路陪同下，阿努冯王子和妹妹若乔马妮公主，正式开始了在华的留学生活。

二

阿努冯兄妹抵京后，外交部即安排他们入住北京和平饭店，为了保护其人身安全，在征得兄妹同意后，只公开他们的国别，不公开他们的真实身份，对外一律以阮文明、阮娇娥相称。

北京干燥、寒冷的天气，令从小在东南亚温润天气长大的兄妹一开始有点不适应，妹妹还微微有些感冒，但在中方工作组的悉心照顾下，他们很快就渡过了水土不服这一关。见兄妹俩行李单薄，为了帮助他们更好地抵御寒冬，外交部、对外文委还专门拨出款项，由专人陪同前往北京王府井百货商店添置冬衣，购买了包括西服、厚呢大衣、毛衣毛裤、绒衣、棉毛衫裤、棉鞋、棉帽等在内的御寒物品。

开学后，兄妹俩正式成为北京外国语学院的学生，除日常食宿由学校提供外，兄妹每人每月补贴生活费。经国务院同意，确定成立由外交部、教育部、对外文委、外国语学院组成的工作组，对王子和公主的学习和社会活动各负其责，定期检查和汇报，便于随时解决存在的问题。

对于中国同志的悉心照顾，阿努冯王子和若乔马妮公主也不负所望。学校向外交部汇报他们的学习情况时，特别提到：

他们学习非常努力，态度认真，接受能力较强，成绩较好：阮文明都是5分，阮娇娥多是5分很少是4分。

一个学期结束后,兄妹俩留在北京度寒假,当时正逢中国传统的新春佳节,陈毅副总理和夫人张茜,邀请他们去做客,和陈家老老少少一起吃团圆饭,并在餐后观赏了最新拍摄的中国电影《花儿朵朵》。告别的时候,陈家的几个孩子,还一起合作画了一张祝贺春节的贺年卡,送给兄妹俩,让他们虽然远离家乡和父母,也感受到了举家乐融融的温馨。

更令阿努冯和妹妹欣喜的是,周恩来总理也接见了他们。若乔马妮事后兴奋地向中国朋友回忆起这次碰面:"周总理一见面就问长问短,关心我们在中国的学习和生活情况,他很亲切。"

三

和现在的公派留学生不同,当时阿努冯王子和妹妹的学习,更多的是背负着国家所赋予的历史使命和重任,这也给他们带来了相当大的压力。

来华之前,关于阿努冯王子所学专业,苏发努冯亲王早已代为定夺。亲王青年时留学法国,学习公路桥梁设计,曾是一名优秀的桥梁工程师。他为儿子选择相近的水利工程作为大学专业,因为深知今后国家建设急需要基建人才,希望儿子能够子承父业。阿努冯王子素来孝顺,也满心希望不让父亲失望。

1962 年 9 月,阿努冯王子进入清华大学水利工程系"水工结构水电站建筑"专业学习,第一学期的必修课程中包括高等数学、普通化学、画法几何及工程画等科目。由于两国的教育差异,在清华为阿努冯安排的一次摸底考试中,"几何、代数、三角共 8 个题,只做了一个,还错了半个"。

再加上,阿努冯只有一年的中文底子,对他而言,一下子转变了整个课堂语言环境,难上加难。清华的中国同学们都是来自各地的尖子生,和他们一起听大课,阿努冯王子有时候却连老师在说什么都弄不懂,能做笔记记下一些就很不错了。这令他一度产生了厌学的情绪:

十一周应上课 181 学时,他缺课 89 学时,占全部上课时数的 49%。高等数学、普通化学、画法几何应有 30 次作业,他只交过 2 次。

为了帮助他尽快跟上学校的进度,外交部联合教育部、清华大学共同研究,为了对阿努冯王子的培养负责,必须对他加强帮助,在学习上要有一定的需求,不能马虎,使他真正学到一定的东西。因此决定:"停止他现在所学一年级的课程,专门配备老师,为他补习数理化基础课程,先打好基础。到明年(1963 年)暑假后,让他再从一年级学起。这样,学习期限将延长一年。"

苏发努冯夫妇在老挝解放区

得知阿努冯王子在中国遇到学习困难,苏发努冯亲王还专门致信中方:

这孩子和我长子一样最喜欢参加政治和社交活动。而学习精神很差,不能集中精力主要搞学习。如他有不好之处,请学校直率地写信告诉我,并请促他写信详细向我汇报思想和学习情况。以后中国同志认为怎样好就怎样教育他。

受苏发努冯夫妇全权委托,外交部出色的女外交家龚普生作为阿努冯王子在华的监护人,代为履行家长职责,经常和他促膝长谈,鼓励他克服眼前的学习困难。

清华大学校长、著名的教育学家蒋南翔,也为阿努冯王子"对症下药",并拜会了苏发努冯王妃,就王子的教育问题作分析认为:"阮文明有不少长处;他关心政治,对中国友好,而且禀赋好,汉语掌握得较快,平时爱好体育活动。阮文明是具备学好专业的条件的。"

那个年代,向雷锋同志学习,已是举国上下的全民行为。清华同学们发扬"雷锋精神",热情帮助阿努冯学习理工科课程,教师们也放弃自己的休息,在课外再为王子开小灶补课。和他住在同一间宿舍的中国同学,每天除了自己上课,还要花个把小时去帮助阿努冯王子完成功课。

在众人的努力下,王子的学业终于有了可喜的进步。在清华大学致外交部的一份档案中,有这样的文字:

阮文明这一段时期学习比较正常。学习上没有缺课,基本完成了作业。数学课与工程画课分别进行过临时测验,成绩都为良好(4分)。根据阮本人的要求,在三月十八日我们为阮安排了一次水利系各实验室(水工结构实验室、水力学实验室、土力学实验室)的参观。有一个实验室是由一位副教授给他介绍的,参观后阮反映,还有许多专业的东西不懂,对有副教授给他介绍很高兴。

尽管由于本身基础的原因,阿努冯王子在学业上的问题并没有完全解决,但对于中方在学习上为其创造的极好条件,苏哈努冯亲王和王妃非常满意,他们通过各种渠道向我方表示了"深受感动"、"深切的感谢",出于对中国政府的信赖和托付,他们表示,不久的将来还要送阿努冯最小的两个弟弟妹妹来中国留学。

时任国务院副总理的邓小平同志也非常关心阮文明的学习情况,他特别批示,要求我方认真做好阮文明的思想工作。1964年,阿努冯王子在钓鱼台国宾馆受到了邓小平的接见。会面过程中,邓小平同志关心地询问了阿努冯在北京的学习生活,并鼓励他克服目前学习上的困难,争取早日学成归国。

1966年,由于"文化大革命"的影响,阿努冯王子中断了清华的学业,选择回到战火纷飞的老挝。在华留学的经历,令阿努冯对中国和中国人民有着深厚的感情。回国后,他主动向父亲提出:要像毛泽东的儿子毛岸英去陕北农村锻炼一样,也到最艰难、最穷苦的地方去经历风雨。但谁也没有想到的是,这位充满理想和抱负的年轻人,在一次深入基层工作时,不幸遭敌人枪杀,牺牲时还不到三十岁……

自右至左:苏发努冯和范文同、阮友寿、西哈努克等东南亚国家领袖出席国际外交活动

从某种角度来说,阿努冯王子和若乔马妮公主的故事,亦成为了那个年代外国领导人子女留学中国经历的一个真实缩影,无论其结局是否圆满,势必在主人公后来的人生岁月里,烙印下深深的中国痕迹,也抒写下一段段见证中老友谊的生动回忆。

www.ingramcontent.com/pod-product-compliance
Lightning Source LLC
Chambersburg PA
CBHW080837230426
43665CB00021B/2872